伸び続ける子が育つ!

お母さんへの60の言葉

花まる学習会代表
高濱正伸

青春出版社

はじめに

この本は、日々悩みながら子育てを頑張っているお母さんたちに伝えたいエッセンスを60の言葉にしてまとめたものです。

私が代表を務める「花まる学習会」は、おかげさまで創立20周年を迎えました。指導に手のかかる思考力・国語力・野外体験を扱い、将来自立して、社会に出てからも活躍し、伸び続ける子を育てることを使命としています。現場でさまざまな家庭と接するなかで、家庭教育の重要性を痛感し、20年にわたって全国でのべ15万人以上のお母さん向けの講演会を行ってきました。

なるべく多くのお母さんたちの悩みをすくい取るよう努めていますが、残念ながら一人ひとりの質問にお答えすることができません。本書を通して、わが子の勉強のこと、性格などの心配事、子育ての悩みをアドバイスできれば、と思います。一人でも多くのお母さんが私のメッセージを心の支えとしていただければ幸いです。

（※私がふだんお母さんに向けて話しているように、本文はあえて話し言葉にしました）。

伸び続ける子が育つ！　お母さんへの60の言葉✤目次

Ⅱ 「一生折れない心」をつくる言葉

Ⅲ 母も子もハッピーになる言葉

カバー・本文イラスト 北砂ヒツジ
帯写真 矢作常明
編集協力 樋口由夏
本文デザイン・DTP リクリデザインワークス

I

「あと伸び」する力を育てる言葉

message
01

「答えを出す勉強」だけでは
メシは食えない。

私は**「メシが食える子どもを育てる」**という目的で塾を立ち上げ、メディアでも繰り返しその重要性を訴えてきました。

それはどういうことかというと、将来人を魅了して活躍できる人、最低でもパートナーになった相手を幸せにできる人、会社に入っても「おまえがいるから助かっている」と必要とされ、認められる人になってほしいという願いが込められています。

現代は、どこの大学に入る、どこの会社に入るかなど、まったく通用しない時代になっています。

ですから、**目先の成績アップやテスト結果を得るためではなく、その後も伸びる（あと伸びする）ような一生モノの学力をつけることが大切です。**では、どういう力を伸ばす必要があるのでしょうか。

一つは図形のセンスや空間の裏側が見えるか（空間認識力）といった「見える力」を問われます。これはドリル漬けの勉強ばかりしていた子には、なかなか身につかない力です。

大学入試も就職試験も、基本的に「見える力（イメージ力）」のある子、要するに地頭《じあたま》がいい子を見抜きたいと思って行われています。

地頭のいい子の特徴は、算数に端的に表れます。たとえば図形の問題などで、「ここに

5個同じ図形があるから、そのうちの1個を説明すれば計算はできるな。そのあとで5倍すればいいんだ」というように**必要な条件を狭めていく考え方ができる**。必要な図形だけがピタッと見えてしまうのです。

「ここまでは決まり」という必要条件を繰り返して、最後に詰め切ったところにあるのが答えになるわけです。(「見える力」と並んで、この論理的に**「詰める力(集中力)」**も、地頭のいい子の特徴です)。

小さいころで言えば、「ママ、こっちのほうが近道だよ」というようなことが言えるかどうか。

では、こういう子は、もともとセンスが抜群なのでしょうか。いえいえ、とんでもない。**センスのあるなしではありません。ただ「好き」なのです。**これは一番大事なことです。「好き」な子にとっては、たとえば書いてない補助線が光って見えます。それは図形が好きだからです。

たとえば、子どもを後ろ向きのまま連れてきて、お母さんを含めた女性を横一列に並べて、「振り向いてお母さんを見つけたら指さしてみて」と言ったとします。パッと振り向いた子どもは、「ここ」って、すぐにお母さんを指さしますよ。

なぜって、大好きなお母さんが光って見えるからです。要するに愛なのです。これは特別な力ではなく、人間が持っている、ごく普通の能力です。

これは大事な線だなと思ったら、補助線《ほじょせん》が浮いて見える。だから、**何でも「好き」にさせることが大切なのです。**

今まで私たちの勉強には「答え」があり、早く答えを出す人が尊ばれました。

しかし、これからの「答えのない時代」に必要なのは、早く答えを出すことではありません。

3ケタの計算が早くできるといった力は重要ではありません。計算機がやってくれます。それよりも、人間にしかできないもの――編集力や企画力、発想力こそがこれからは求められていきます。

ひらめきに近いような「見える力」(補助線が浮かぶ力)が入試で問われるのは、将来の答えのない時代を生き抜くカギとなる力だからです。

message
02

〝あと伸び〟するのは
幼児期にとことん遊びこんだ子。

補助線が浮かぶ力、つまり「見える力（イメージ力）」を伸ばすには、子ども時代の「外遊び」が有効です。

子どもをあと伸びさせたいと思ったら、幼児期に徹底的に遊びこんだ体験こそが大事なのです。

外遊びは五感をフルに使います。風の冷たさや、雨上がりの土のにおい、移り変わっていく木々や葉っぱの色を感じながら、子どもたちは走って走って、飛び込んで、空間のなかの一瞬一瞬でものすごいとしか言いようのない集中力を使っているのです。

自然のなかで図形認識力、空間把握力はもちろん、遊びのなかでルールを決める発想力や柔軟性、判断力も鍛えられます。

「立体が大事なんだって！」と親に言われて立体の問題を解いているのと、外遊びで遊びこむのと、どちらがあと伸びするのか……もう言うまでもないでしょう。

花まる学習会でも、毎年行っているサマースクールで、日常生活でなかなかダイナミックな遊びや自然のなかで思いきり遊べない子どもたちに、野外体験をさせています。

そのなかで川遊びの時間に堰堤《えんてい》から飛び込むというプログラムがあります。今でこそ同じような体験ができる塾や教育国体もありますが、20年前はまったくありませんでした。「何かあったらどうするんですか」という考えで安全ばかりが主張され、今の子どもたちから「遊びこむ」機会が奪われてばかりいるのは、非常に残念でなりません。

大人が覚悟を持って本気で取り組めば、この程度では全く問題ありません。安全は何よりも大切ですが、「安全」をタテに「やらない理由」を言う大人が多いようです。

さて、もう一つ、補助線が浮かぶ子の特徴は、**「一番大事なことは何か」という一点に集中できることです。** いわゆる要点がわかるということです。

6年生くらいになって、

「先生、**要するにこういうこと**ですよね」

という言い方ができる子です。要約力とでもいうのでしょうか。これは仕事ができる人の大きな特徴でもあります。

たとえば、平行四辺形にしろ台形にしろ、覚えるときは三角形を基本にします。円もそうです。

究極のところ、私たちは三角形を習っているわけです。平面というものは、すべて三角形にすれば把握できるという、人間の叡智《えいち》を習っているわけです。

こういう奥にある真理のようなものがものすごく大切で、

「図形って、いろいろ習っているけど、結局は三角形が大事なんだ」

とわかるかどうかなのです。

学校ではわざわざ三角定規《じょうぎ》も使います。物として三角形が用意されている。「三角形はよっぽど意味があるなあ」と思える――これが典型的な、あと伸びする子です。

ドリル、ドリル、ドリルで山ほど勉強するやり方もありますが、そのときそのときで「大事なことは何か」ということに焦点が当たる子でないと、たとえ入試を突破できたとしてもその先はありません。

試験に受かっただけで満足していてはダメなのです。とくに進学校は残酷です。友だち関係でも、底の浅さを簡単に見透かされてしまいます。


究極は人間としての魅力です。人として魅力がなければ、東大にたどり着いたって、それまでです。

実体験をたくさんさせて、将来は魅力のある人、モテる人に育てましょう。

message

03

台所は、「イメージ力」と「集中力」を育てる絶好の場所。

見えないものが見える力、イメージ力は、外遊びのほか、家の中でも伸ばすことができます。

アイデアが浮かんだり、相手の言いたいことがイメージとして浮かんだりする力の原点にあるのは、具体的な「ものそのものにたくさんふれた」ということ。

立体の問題をたくさんやるのではなく、立体そのものにどれだけふれたか、ということが大切です。

そのなかで低学年からできるおすすめの方法が、台所でのお手伝いです。

とくに「刃物系」はおすすめです。

なぜかと言うと、最高度の集中力を要するからです。

今の時代、刃物を子どもに与えられるのは親しかいないでしょう。学校や組織では、ケガや事故を恐れてだれも教えてくれませんから。

ナイフやとんかちやピンセット、針、ドライバー……これらは基本的に手を使いますし、そのものに対峙《たいじ》していることになります。

リンゴの皮むきの絵を見ているのと、本物のリンゴの重みやにおいを感じながら皮をむいている。この違いです。

余談ですが、幼児期にリンゴを最後まで丸くむききれる子は、先々トップ校に進学する子が多いようです。

やはり、**手先の器用さ、集中力の差**なのでしょう。

お料理の手伝いは、どんどんさせてください。

ただし、危険ととなり合わせですから、十分注意してあげる必要はあります。まずは親が使って見せてあげ、「何が危ないのか」を説明します。

そのあとで、「何が危ないか言ってごらん」と聞いて、子ども自身に説明をさせます。

これで危険認識度がはっきり出ます。

言語で危険を説明できないのは、忘れているということです。雰囲気で言っているだけではダメ。

安全を十分考慮したうえで、たくさんの〝もの〟に対峙させてあげてください。

さらには、つくった料理を自分なりに皿に盛らせてみましょう。

あるものをどう並べるかを、きょうだいで競わせてもいいでしょう。

私は三人きょうだいでしたから、3人でよく「盛りつけ競争」をしました。

「正伸だから『まさランチ』」と名づけて、どれだけ高く盛れるかを競ったり、弟が思いつかないような立体的な盛りつけで「これはできないだろ、えへへへ」と勝利感を味わったり……。

料理は刃物や火など危険なものを扱って集中力を養い、盛りつけで工夫をし、最後には「食える」。喜びで終われるのがいいのです。

台所は、基本的に毎日お母さんが立つ場所ですし、男の子でも女の子でもお手伝いしやすいもの。イメージ力を鍛え、集中力を鍛えるという意味では台所は最適な場なのです。

message

04

子どもに「苦手」「嫌い」と言わせたらアウト。

「図形って苦手〜」「算数きら〜い」「こんな問題できなーい」

授業中、こんなふうにすぐ口に出す子どもがいます。図形の問題にしろ、文章題にしろ、苦手意識を持った時点で、やる気にブレーキがかかってしまいます。

「苦手」という言葉が出た時点でアウト、と思ってください。

子どもたちは言い放って、やらなくてすむ理由づけをしているにすぎません。**「苦手だからしょうがないでしょ」といったような甘えが出てしまっているのです。**

なんか面倒くさいなと思って、**嫌い嫌いで切って捨てていればラクができる**からでしょう。大人でもそういう人がいますよね。

でも、これは子どもだけが悪いのではありません。実は長い間、**お母さんが苦手意識を植えつけている**場合が多いのです。

低学年時代から、お母さんが「あなたは国語はいいんだけど、図形がね……」「読み直ししなさいって言ってるでしょ、もう！」と言い続けたり、ママ友《とも》や学校や塾の先生との会話で、子どもを前にして、「この子、図形がどうしても苦手なんです」と言ったり……。

すると子どもは、「俺って図形が苦手なんだ」「私って読み直しができないんだ」と思ってしまいます。本来、自信をつけてあげるべき時期なのに、子どもはグサッときますよ。

母の言葉は神の言葉。子どもの心にマジックをかけるのです。

信じられないかもしれませんが、小学校から中学3年生までの義務教育の学習内容は、やれば必ず全員できる内容です。これは事実です。

たしかに高学年から難しくはなりますが、授業で先生の話をきちんと聞くことさえできれば、全員できます。それなのに、苦手意識を持たせてしまったばかりに、できるものもできなくさせてしまっているのです。

花まる学習会では「嫌い」「苦手」という発言が出たら、授業をいったんやめてしまいます。たとえば、入会したての小学生（低学年）で、「私、四字熟語とかきらーい」とつぶやいた女の子がいました。その瞬間、それまでニコニコしていてもふっと真顔になって、「ちょっと待って。今だれかどこかで『四字熟語嫌い』っていう声が聞こえました。先生は30年勉強を教えているけど、**○○嫌いって言って、伸びた子は一人もいないんだよ**」と言います。シーンとしますよ。そしてすぐに気持ちを切り替えて、「じゃあ、授業を始めよう！」と言って始めます。

すると翌週の授業のとき、その子は「私、四字熟語大好き～」と言っていますよ。

これが教育です。言葉の力、言霊というものは本当にあります。「好き」と言っていると本当に好きになります。**そもそも、子どもは何でも好きになるようにできているの**です。

高学年になって「苦手」「嫌い」と言っている場合は、叱るのではなく、「ある本を読んだんだけど、○○が嫌いとか苦手って言うと、そのことだけで成績が落ちてしまうんだって。データが出ているらしいよ」と理路整然と言いましょう。「だから、周りのみんなが言っても、あなたは使っちゃダメだよ」と冷静に諭すのです。

「苦手」という言葉や、そういうものの考え方が、一生響くほどの恐ろしいものなのだということをきちんと伝えるのです。5年生くらいになれば、このような話も通じます。

ここまで理解できたら、あとは成功体験をさせることです。

その子ができるところまで戻るのです。そして「あ、僕（私）、できるじゃん」という経験をすることです。

message
05

「自分はできるんだ」という
プラスイメージを持たせよう。

「〝今日、学校で何を勉強したの？〟と聞いても〝ふつう〟〝わからない〟としか言わないんです。うちの子、ちゃんとわかっているんでしょうか？」

小学校に入りたてのお子さんを持つお母さんによくされる相談です。

子どもが学校で何をやっているのかわからない、家庭で何かフォローしなくていいのだろうか、といった不安ですね。

幼稚園や保育園のときなら、先生との立ち話や連絡帳のやり取りで様子がよくわかります。でも小学校、特に公立小学校に入るとそれがまったくなくなるので、不安になる。だからすごーく気になる。すると、余計なことをしたくなるのです。

よくあるのは、詮索《せんさく》しすぎて子どもが「うるさいなあ」と思うようにまでなってしまうこと。たとえば、お母さんは授業中の様子がよくわからないからと、返ってくるテストやノートだけを見てしまいがちです。

「なに、この字、もっときちんと書きなさい、きちんと！」

また、テストでケアレスミスがあると、

「言ったでしょう。もう、すぐ見落とするんだから！」「ちゃんと見直ししてんの？」

とガミガミガミガミ言ってしまうのです。そうすると、子どもも言われるのがイヤですから、テストを隠すようになってきます。

こういう状態を、私は**「きちんと病」、あるいは「結果病」と呼んでいます。**テストの結果なんて、どうでもいいのです。低学年には「きちんと」と言わなくていいんです。テストの結果なん絶対に全部できるようになることなのですから。

結論から言うと、低学年には「きちんと」と言わなくていいんです。

お母さんが不安定で、孤独でイライラしていると、どうしても「できなかったところ」に目が行ってしまいます。人の悪いところが見えてしまうというか、アラが見えてしまうのです。

「95点もとれたの。頑張ったね、よかったねー」と言えないのです。

低学年の一つの対処法として「最終満点法」があります。

できなかったところを子どもに聞いて、「これはどうやればいいの?」「あ、本当はわかってるのね。オッケー、オッケー」と言って花まるをつけてあげるという方法です。

低学年時代は、最終的に「私はできるんだ」というプラスイメージで終わらせることが大事です。

「やればあなたはできるのよ」という言葉は、繰り言のようにいつも言ってあげてくださ

い。これはまさに刷り込みで、肯定的な自己像ができあがっていきます。

「作文の字が汚い」「宿題の字が汚い」と嘆くお母さんも多いですが、大丈夫。子どもは「書くのが楽しい」「今、頭の中に浮かんだ内容を忘れないうちに書きとめよう」と思っているとき、普段の字より少々雑になります。大人も同じですよね。花まる学習会では、「読める字で書こうね」と声をかけています。

何度言っても字の汚さが直らないときは、「この字、とってもいいね」と少々オーバー気味にほめてあげてください。「意外と素直に聞き入れてくれた」という声は少なくありません。

また、「ゆっくり、ていねいに」書くことに固執しなくても大丈夫です。**字というのは「書くスピード」も大切で、これは低学年までしか鍛えられない力です。**

ていねいに書くべきときに書けることも大事ですが、それ以上に、言葉を味わいながら適度な速さで書く力こそをつけさせてください。

書くスピードは受験のときにも必要になりますし、社会人になってからの「テキパキ感」にもつながっていきます。

message

06

「誰か」ではなく、「前の自分」と
比べたほうがやる気になる。

「○○ちゃんはよくできるのに、あんたは……」

「お兄ちゃんはこんな問題、とっくにできてたよ」

こう言って友だちやきょうだいと比較されることほど、子どものやる気をくじく行為はありません。

お母さんにすれば、わかっていてもついやってしまうものなので、何度でも言います。とくに**友だちと比較してしまうのは、もうお母さんの業《ごう》です。**私もお母さんたちと20年以上つき合ってきましたが、お母さんはどうしても同級生と比較してしまう生き物なんだなあ、とつくづく思います。

「年少からずっと一緒だった○○ちゃん、もう年賀状を漢字で書けるじゃない」

一緒にスタートした子が、もうあんなに先まで行っていると、不安が泉のようにこみ上げてきてしまうのです。

人と比較することは、やる気をくじくどころか、子どもをつぶしてしまう行為です。周りと比べられて、**「できない自分」にフォーカスされて、やる気を伸ばした子どもを私は一人も知りません。**

比べるといいのは「人」ではなく、「前の自分」「昨日の自分」です。

「前よりしっかり書けるようになったね」「昨日より早くできたね」と伝えて、成長している自分自身に目を向けることを教えてあげてください。

また、子どもが高学年になると、「自分（母親自身）が小学生のころはもっと頑張ってできていたのに、なぜ……」などと責めるお母さんもいますが、そんな言葉はわざとらしいし、思春期の子どもには嘘っぽちにしか聞こえません。

「本当ですか？　とてもそうは見えないですけど、お母さん。それなら数学者にでもなればよかったじゃん」と反発されるだけです。

「努力しなくちゃダメじゃない！」

などと、叱咤《しった》激励するつもりでつい言ってしまう言葉も、自分の思うようにちゃんとやってくれない子どもに対して言葉を投げつけているにすぎず、子どもの心には届きません。

お母さんは**「このままだと将来自立できないよ」「ちゃんと仕事に就《つ》けなくなるよ」といった恐喝系の言葉もよく言いがちです。**こうした**脅し文句を言われても、いいことは一つもありません。**基本的にイヤ～な気持ちになるだけでしょう。

私は「将来メシが食える大人に育てる」ということを目標に掲げてはいますが、子どもたちに、「このままだと将来メシが食えなくなるぞ！」などと脅しをかけることはしません。**人は脅しで無理に動かされても、ちっともハッピーになれないからです。**

お母さんが子どもにやっていることは、一流の経営コンサルタントに「いいんですか、そんなことしてて。あなたの会社、潰れますよ」と言われているのと同じです。自分は高いところにいるから、上から目線で子どもに言ってしまうのでしょう。

とくに勉強や成績に関しては、言えば言うほど子どもはイヤになってしまいます。

基本的に、子どもはお母さんが大好きです。本当は**お母さんに認められたくて、息子も娘も頑張っているのです。**

message 07

生活の「スピード」を上げると、ダラダラ勉強は改善する。

小学3年生をすぎるころから、学校の宿題の量が増えてきます。「宿題をやるのに時間がかかる」「集中力がなく、ダラダラやっている」という悩みを持つお母さんも多いようです。

ダラダラと勉強するのは一人っ子に多いようです。お母さんが今までその状態で許してきてしまっているパターンです。

今の時代、**メシを食える力のキーワードに「テキパキ感」は外せません。**

もしも一緒に働いている相手にトロトロ仕事されたらどうですか？　たいてい周りの人間はキレてしまいます。トロトロ仕事されて間に合わなかったら、シャレにならない世界なのですから。

テキパキ感をつけるには、生活面でもスピードが大事になってきます。一つのわかりやすい方法としては、**歩くスピードを上げることです。**「待って待って」と言われても、さっさと歩いてしまうくらいでちょうどいいでしょう。

もう一つは**運筆のスピードそのものを上げる仕組みをつくること。**

花まる学習会の教材で「サボテン」(計算)、「あさがお」(名文の書写)というものがありますが、これは時間を決め一日1ページ行うものです。読めるギリギリの字でいいから、スピード感を持ってやることを一つの目的としています。

実は学校のシステムではスピードをあまり重視していません。字を書くにしても、「ていねいに」「とめ、はね、はらい」を指導するだけです。それも大事ですが、同時にスピード感も大事なのです。

実際、入試で時間がないと、みんな困っているでしょう。今の教育には、スピード感が欠けているのです。そしてこれは、お母さんの苦手項目でもあります。

宿題をダラダラやっているということは、おそらく食べるときも着替えるときも遅いのではないでしょうか。生活から勉強から、いろいろなもののスピードを上げないといけません。お母さんの声かけだけではもはや無理で、できれば塾や習い事、部活の先生など、外の師匠にやってもらったほうがいいと思います。

たとえば、私の教え子に、トローンとした印象で、やることなすこと時間がかかる小学3年生の女の子がいました。悪気はないのですが、何をするのも遅い。

ところが地元で有名な新体操の教室に通い始めたら、激変しました。

中学生になったころには姿勢もいい、挨拶もハキハキできる、スピード感もある女の子に変身したのです。まるで別人です。その新体操の先生は非常に厳しい指導で有名で、グズグズやるなんて許さない、といったなかで鍛えられたのです。

あのままお母さんにまかせて「早くしなさい！」と言われ続けていたら、何も変わらなかったでしょう。

「学校の宿題を早く終わらせたいときに、どう声かけをしたらいいのでしょう」と〝技術〟を知りたがるお母さんが多いのですが、技術ではありません。生活にテキパキ感、スピード感をつけていくことで変わっていくのです。

トロトロしている子どもには、「何やってんのよ、早くしなさい」と言いながら、お母さんも最後の最後に手を出して助けてしまっているはずです。代わりに消しゴムで消してあげちゃったり、していませんか。

手を出しつつ、宿題につき合いつつ、キレては「何やってるの、こんなのもできないの？」などとNGワードを連発してしまうくらいなら、お母さんは関わらないほうがいいでしょう。それよりも、日常生活のスピード感を上げることに意識を向けてみてください。

message

08

外で頑張っている子にとって、家は休憩の場。

ダラダラはダメ、テキパキ感を、という話をしましたが、お母さんの9割方は「うちの子、家でダラダラしています」と言います。

前項と矛盾しているようですが、「家でダラダラ」でも、学校や習いごとなど外での評価で「ちゃんとやっていますよ」と言われていたら大丈夫。その子はやれる子です。むしろ、**外で集中力を発揮しているのです。**

家はリラックスする場所であり、かっこつけなくていい場所。ダラダラした部分を見せられる場所です。子どもって、外で相当頑張っているんです。**頑張っているからこそ、家ではリラックスしていたいのです。**要はメリハリがついていればいい。

わが子の外での姿を知らないお母さんは、家で本当にダラダラしてやるべきことをやっていないのか、それとも家で休憩しているだけなのか、よく見てあげてください。

ボヤボヤ、ダラダラ、トロトロしているわが子を怒るのも状況次第。宿題をやるのが遅い子に対しても、上手なお母さんは激昂せずに、

「ああ、もう19時、19時。宿題やる時間！」

などと言って手をパンパン叩きながら、有無を言わさず、この時間は宿題をやる時間と決めてやっています。

message
09

「聞かれたこと」に答えられる。
「話の要旨」が言える。
これが伸びる家の会話。

あと伸びする子は、間違いなく「言葉がしっかりした家庭」のお子さんだと言えます。算数の文章題も、国語の長文読解も、結局のところ国語力。社会に出てからも、国語の力はずっとついて回ります。

魅力的な話し方ができる人、メールで的確に用件を伝えられる人、要約して上司に報告できる人、人の話をきちんと聞ける人。すべて国語の力です。

そして、この国語の力を伸ばすことができるのは、子どものころの家族の中での会話です。

優秀なお子さんがいる家庭に対して、よく、「あの家はご両親がおできになるから」と言われることがあります。遺伝であるとか、親が一流大学を出ているから、という意味で使われますが、本当は、**「会話の質」こそが、「家の格の違い」**なのです。

会話の質のポイントは、大きく分けて6つあります。

①修正…子どもの言い間違いをほうっておかないこと。子どもが言い間違えるのは、ある面ではかわいらしいのですが、そのままにしておいてはいけません。

「そこは『楽しい』じゃなくて『うれしい』でしょう」と指摘できるかどうかです。

うかです。

②応答…「聞いたこと」に答えられるかどうか。言葉のキャッチボールができているかど

「今日、学校楽しかった?」「ていうか、腹へった」「そうだ、夕飯の買い物しなきゃ」

といったような、お互いに自分の言いたいことしか言わない会話がまかり通っていませんか。相手の気持ちを読み取れない子どもにしないためにも、相手の聞いたことに答える家族の会話を徹底してください。

③感動の共有…あとの項でふれますが、「うわあ、夕焼けがきれいだねー!」と母親が素直な心で感動したことを言葉にして伝えているか。

④論理性…これはどちらかというと、父親が得意な分野です。

男性は言葉に対して緻密《ちみつ》ですし、論理的な会話を好みます。

「必ずしもそうとは言いきれないよ」「それは『だから』になっていないだろう」「今聞いているのは○○のことじゃなくて、××のことだよ」

といったように、突き詰めて子どもに明確に正しい言葉を言わせるようにしましょう。

⑤要約…すでにお話ししたように、あと伸びする子の特徴は、要約ができること。何が大切なのか、的確に話の要旨をつかめることです。

家族の会話のなかで、意識的に「要するに○○っていうことね」と言ってみたり、逆に子どもに話の要旨を言わせてみるといいのです。

たとえば映画やマンガなどが面白かったとき、「何が、どう面白かった？」「どんな話だった？」と聞いてみる。

「□□が○○した話だよ」と言えるかどうか。

また、子どもがあったことをそのままダラダラと説明したときは、「ひと言で言うと、どういうこと？」と聞いてみましょう。

話の要旨がわかる子どもは、人の話を聞くことができる、相手の言いたいことがわかるということなので、国語力の高さに結びつきます。

最後にプラス要素として、生活のなかでの会話で大切なことを一つ。

⑥NGワードが少ない…学習意欲全般に関わることです。たとえば「何回言えばわかるの」「だいたい、あのときだって～（過去の失敗を持ち出す）」「ちゃんと読みなさい」「○○ちゃんはもうできるのね（比較）」「お兄ちゃんのくせに」「バカじゃないの」などなど。

お母さんの何気ない言葉で、子どものやる気をつぶさないようにしてください。

message 10

「間違えたっていい」「失敗したっていい」と思える子に。

子どもに問題の説明をして「わかった?」と聞くと、「なんとなくわかった」と答えることがあります。

「なんとなくわかった」は、100%わかっていないと考えて間違いありません。

「わかったふり」をする子も同じです。これは意外に根深い問題で、わからないことが恥ずかしいとか、わからないと言うと怒られるのではないかと思っているケースです。

要するに「さらけ出せない」ということ。**「失敗しないように」という学習感覚できてしまっている、お母さんが口うるさい家に多い**のです。

そうではなくて、「わかったらうれしい、気持ちいい」というところが軸でなくてはいけない。そのためには、わからなかったらとことん聞くこと。

「それでもわからない、まだわからないです、先生」と食い下がるようになれたら、うまくいきます。わからないことがあると、わかるまで止まってしまうくらいの子どもがあと伸びする子です。

「だいたいわかった」も同じ。「なんとなくわかった」と同罪ですね。絶対わかっていませんから。

「わかった」と言っておかないと、お母さんに「どこがわからないの?」と追及されて終わらないから、「ここは早く終わっとけ」という気持ちなのです。

このようなごまかしや、「一応こういうふうに言っておこう」といったような穴は、初期のうちはごく小さい穴でも、どんどん大きくなって浸水していきます。

ごまかしは小学1、2年生の時点ですでに始まっています。恐ろしいですよ。口うるさい母親の長子に多いケースです。

「なんとなくわかった」「だいたいわかった」と言ってきたときは、**「この問題をどう解くか説明して」「この問題のポイントを説明して」と聞いてみましょう。**

ゆっくりていねいに説明させることがポイントです。

小学校1、2年生なら、口頭レベルでできます。ただし、6年生や中学受験レベルになると書かなくてはいけなくなりますから、繰り返しになりますが、外の師匠にまかせるべきです。

聞くときは、「どこがどうわからないの?」と問い詰めるような聞き方はやめましょう。低学年なら、簡単な事例で説明してあげるといいでしょう。

たとえば、「5と3の違いはいくつ?」ではなくて、「5本の鉛筆と3本の鉛筆、どっちが何本多い?」というように、子どもがわかる言葉に置き換えます。

何度も言いますが、「わかったふり病」はアウトです。かかったら大変な病気です。「わからないっていうことは恥ずかしくないんだ」ということを、周りの大人ももっと言わなければいけないと思います。

「あいつ、あんなのもわからないんだよ」とからかいの対象になっても、そこで強い人になってほしい。

これは訓練というよりも、日ごろの先生や親の接し方の問題です。

「間違ったっていいんだよ」「失敗してもいいんだよ」と繰り返し、繰り言のように言い続けてあげてください。

message

11

すぐ「わからない」と言うのは、考えることを放棄している子。

わからないのに「わかった」と言う子も困りますが、逆にすぐ「わからない」と言ってしまう子もいます。

宿題をちょっとやっているかな、と思うと、「わからない」と言う子。

子どもがわからないと言ってくるのは、考えるのを放棄してしまった場合が多いのです。少なくとも学校の宿題がわからないと言ってくるときは、たいていはラクをしようとしているケースだと思います。

たしかに3割くらいは本当にわからないというケースがあるので、そのときは教えてあげてもいいですが、**まずは何がどうわからないかを言葉にさせてみましょう。**

なぜかと言うと「何がわからないのかわからない」子がいっぱいいるからです。そういう子は、何も考えないままでずっときてしまったのです。これは根深くて修正が大変です。何でも「先生、わかりませーん、教えてくださーい」と言って生きていけばいいや、という状態です。将来、社会に出たらどうなるのでしょう。

「先輩、わかりませーん。次は何をやればいいですか?」といちいち聞くのでしょうか。この段階ではもうお母さんではなく、家庭外の第三者にその考え方から叩き直す、といったことが必要になるでしょう。

message 12

「答え」ではなく、「思考のプロセス」が大事。

伸びない子の特徴に、「答えをちゃんと出すことがいいことだ」と思っていることがあります。

計算ドリルばかり先行してやっている子どもにありがちな、間違った概念です。答えが合っているか合っていないかが大事だ、という概念で今まできてしまったのでしょう。

こういった概念を正せないまま、算数の文章題に直面すると、途端に**「〝面倒くさいなの壁〟」**にぶち当たります。あるいは、「こういう問題じゃなきゃ、さっさとできるのになあ」と言ってみたりとか。

自分の知っている計算という作業で、さっさと答えを出したくなるのでしょう。

本当に大事なのは、思考をしていく過程にあります。「途中の考え方が見えた！」という感覚です。見えた実感と見えた喜びという体験、「自分でわかったら本当に面白いんだ」という体験を与えなければいけません。

一定時間内に全部正解になるように、といったようなことを目標にさせてしまうから、本来の学習からどんどん離れていってしまうのです。

本来の学習法とは、「わからなかったら、必ずわかるようにしていく」というものなのです。とくに小学校高学年以降には、これがあと伸びするためには大切です。

message

13

「わからないまま」にしない。
できなかったことを必ずできるようにする
「しくみ」をつくる。

高学年になると、正しい学習法を身につける必要があります。ところが、驚かれるかもしれませんが、**実は、学校では「学習法」を教えてくれません。**「何を学ぶか」という学習内容はあっても、「どう学ぶか、身につけるのか」という学習の仕方にはふれてもくれないのです。

少し堅い話になりますが、本来の学習法は二つあります。それが**「技術」と「精神性」です。**

一つ目の技術というのは、たとえば「ノートの使い方」です。問題があって答えを出す、先生が黒板に書いたことをひたすらノートに写す、というノート法しか知らない子どもは多いでしょう。

本来は、**あとで見返すことを意識してノートをとる、復習の繰り返しによって必ず1か月後には定着している、といったしくみ**を自分のなかでつくらなければいけません。

ノートに書きとめるということは、記憶に残しておくため、あとで確認するためであるはずです。重要なことがノートを見返せばすぐわかるように書き残すことなのです。

そもそもノートのとり方や復習の仕方を知らずに中学3年生になってしまった、という子どももいっぱいいいます。

ノートの具体的なとり方はこの本ではふれませんが、本来ノートづくりのメリットは大きく分けて五つあります。

①弱点を把握しやすくなる。
②弱点を克服しやすくなる。
③時間の効率的な使い方を意識できる。
④段取り力（工夫する力）がつく。
⑤自信がつく。

この項の冒頭で、学校は「学習法」を教えてくれないという話をしましたが、たとえば学校で教えているのは分かりやすく言えば公式——「台形の面積は、（上底＋下底）×高さ÷2……」。それがテストに出るだけです。

「できなかったときにできるようにする」ノート法を習っていないことが、まず第一の壁です。学校の先生にこう言うと、「それって技法ですね」と言われます。そんな余裕はないということのようです。

二つ目の**精神性とは、「わからないことがあったとき、ごまかさない」ということです。自分をだまさないこと。**

どうしてもわからない、だからわかるようになりたいと思えば、自然と本来の学習法に行くはずなのです。

土台となるのが、低学年時代の「わかっちゃった体験」です。試行錯誤して、自分で答えを見つけたときの、「あ、わかった!」という体験のことです。低学年時代に「わかっちゃった体験」をたくさんしてくると、ズルをしない子になります。

だから私たちの塾では、パズルを優先させています。**わかる、発見する喜びは快感**だからです。途中でヒントや答えを教えようとしたら、「教えないで!」と言うような子どもにしなければなりません。簡単なことです。**考え抜く楽しみ、発見する喜びを繰り返し体験させて、そういう「体質」にしてしまえばいい**のです。

そのような体質の子どもが高学年以降になったとき、自分をだまさない子になりますから、復習ノートなどの学習法に行き着きます。

別に「私が考案したノート法を伝授する」などという大げさなことではありません。不思議なことに、自然とみんな同じノート法に行き着くのです。

message 14

「勉強はイヤなもの」と刷り込まないこと。

PDCAサイクルというものがあります。

行動プロセスの枠組みの一つで、Ｐｌａｎ（計画）、Ｄｏ（実行）、Ｃｈｅｃｋ（確認）、Ａｃｔｉｏｎ（行動）の四つで構成されています。

要は、**解きっぱなし、やりっぱなしにせず、「できなかったことを次にはできるようにする」**を繰り返す……。高学年になったら、こうした学習の仕方が必要になります。

一方、**低学年に間違った問題をもう一度解かせようとしても無理です。振り返りが苦手**なのが、この年代の子どもです。

それなのに、お母さんは、できなかったところをもう一回やらせようとしてしまいがち。おそらく、自分自身の中高生時代の学習法が記憶の土台になってしまっているから、できると思ってしまうのですね。

だから、「ちゃんとわかるまでやれるよね」と押しつけてしまうのです。

でも、低学年の子どもは「今、今、今」で生きていますから、振り返る気なんてさらさらありません。「終わったことはいいじゃん」と思っています。

この習性を知らないと、お母さんはドツボにはまります。

「もう一回この問題よく見てごらん。何で間違ったかって言うと、これこれこうでしょ……」

なんて言っても、ほとんど意味ないです。

子どもはそんな言葉を聞いていないどころか、悪影響です。

「お母さん、勉強のことになるとイヤな人になるな~。勉強ってイヤだな」という印象だけが刷り込まれることになる。お母さんのことは大好きなのに。

お母さんは、「この子のために、完璧でいさせたい」「わかっていないんだから、もう一度やらせたい」という思いが強い。でも、それは5年生からで十分です。

低学年までは、学校の勉強でわからないことは基本的にないはずなのです。少なくとも3年生の前半までは。3年生の後半から出てくる分数あたりから本当の意味でわからない子が出てきます。経験上、授業での落ちこぼれは3年生の後半あたりの内容から出てきます。

だから1、2年生の内容など「どうせできること」、もっと気楽な気持ちで構えていればいいのです。

それなのに「キーキー」言ってしまうと、お母さんのせいで勉強がただただ「イヤなもの」として子どもの記憶に残ってしまいます。

ただし、高学年になったら、今までの流れで親は勉強に口出しをしてはいけません。低学年までの親の取り組み方と、高学年からの親の取り組み方は完全に分けることが大切です。

高学年からは、本当に自分でわかりたい、知りたいという意志（主体性）が大事になってきます。逆にそれがないと、本当にやる気のある子には負けてしまいます。

勉強に関してお母さんたちに言いたいのは、目先の学力に一喜一憂してイヤイヤ勉強させても無意味だということ。小学校低学年では成績優秀でも、高学年あたりから人並みになり、中学生になると一気に伸び悩む……というのはよくあることです。

逆に、**「絶対に自分で解きたい！」「勉強って楽しい！」「考えるのが大好き！」……そんな〝姿勢〟さえ身につければ、いくらでもあとで伸びるものなのです。**

message 15

文章題の指導は母親以外がいい。

高学年になったら親は勉強に口出ししないで、という話をしました。とくに苦手な子が多い算数の文章題はやめたほうがいいでしょう。

普段から私が「文章題の指導は母親以外がいい」と言っているように、お母さんがぴったり横についている限り、状況は悪化の一途をたどります。

お母さんは頭ではわかっていても、つい、「なんでできないの！」「何度も言ってるでしょ！」「本当に聞いてんの？　授業」などとやってしまいます。**母親の言葉が、逆にやる気を失わせてしまう**のです。

高学年になったらもう、外の師匠をつくることです。それは塾でも家庭教師でもいいのですが、道場並みに厳しい先生に見てもらうのが理想です。もしもわかったふりなどしようものなら、

「本当にわかってるのか、じゃあ言ってみろ」「適当なこと言ってるんじゃない、こら！」とやられて、泣きじゃくるくらいでちょうどいいのです。

本当にわかったときの気持ちいい感覚を味わうのは、今からでも遅くありません。

思春期はほうっておくとサボる時期。いくらでも転がり落ちる時期でもあります。親の第一の仕事は、「この人にまかせておけば」という人を見つけてあげることです。

message
16

15歳まで「できる！」「簡単！」の型ができている子は最後に強い。

ある大企業のデータですが、30代後半の年齢層で、給料がどんどん上がって出世しているのは、中高一貫私立組ではなく、地方の公立トップの高校から東京の大学に来た人だそうです。

私立校はこの事実をすでに知っているから、今は勉強だけでなく野外体験や海外体験をさせるなど、全人教育をしています。骨太にならないと、将来食っていけないことがわかってきているのです。

東大であと伸びするのも地方の公立組だそうです。

もちろん一概には言えませんが、中高一貫私立組は入試を突破した時点で「はい、ゴール！」で止まってしまうところがあります。あとは就職試験に受かれば終了、といったような感じです。ただし、本当の天才がいるのは私立のエリート組でもあるそうです。

では、なぜ地方の公立出身者があと伸びしているかというと、答えはとてもシンプルです。

中学受験の勉強量はある意味、異常です。やりきれないほどの宿題量を出され、毎日ひーこら言いながらやっている。

子どもが大手の学習塾でついていけなくて、「スクールＦＣ（花まる学習会の受験部門）

の『スーパー算数』（最難関中学受験向けの特別講座）に通わせてください」と頼みに来られたお母さんがいました。「何がわからないんですか？」と聞くと、「全般的に図形がわからない」と言う。具体的なことがまったく出てこないのです。

つまり、「苦手」という意識になってしまって復習しきれていないのです。「なんで復習しないんですか？　3、4年の図形からやりましょう」と言うと、「宿題が多くて、復習なんてしていられないんです」と。まったくもって本末転倒ですが、これが現実です。

6年生という大事な時期に、そんなことをしていてはダメです。この時期に大切なのは、前にもお伝えした「学習法」です。

地方の公立高でトップできた子どもは、15歳までは、やっていることは簡単で、ずっと満点できている子です。

この、「やっていることは簡単で、全部わかっている」という経験を15歳までにしていると、もうそれは型になっています。

地方の公立トップの子どもでも、進学校に入学すれば、一度は困ります。

中学までの勉強なんて、ちゃんと授業を聞いていればできた。でも高校に入って、たとえば進学校の英語の授業では、前置詞と冠詞だけで問題がつくられている。それを見て、たしかにとまどいますし、成績も一度は落ちます。

でも、**15歳まで「できる」「簡単」という型ができている子は強いです。**やると決めたら絶対全部わかっている、という勉強しかしない。だから、一浪くらいはするかもしれませんが、ずっとあと伸びしていく勉強法、自分に引きつけていくような勉強をします。

某私立最難関校の社会学というものがあります。その学校には小学生時代「神童」「秀才」と呼ばれていた子ばかり集まって入学してきますが、秀才ばかりの集団の中でも必ず格差が生まれてピラミッド型の構造ができてきます。

たとえ難関中学に入学しても、ついていけなくて自分がピラミッドの底辺のほうにいるとわかると、本当の実力以上に**自己像が小さくなってしまう**のです。

公立トップの子どもの特徴は、**15歳にして何があっても大丈夫という自己像、振り返ると、やってきたことは全部できた、という経験を持っていること。だから、あとあと強いのです。**

message
17

片づけができない子は中学受験に向かない。

中学受験をさせるか高校受験まで待つかは悩みどころだと思います。どちらにもメリット・デメリットがありますが、親がしなければならない一番大切なことは、わが子が中学受験に向いているか、向いていないかを見極めること。

中学受験はずばり、早熟なタイプが向いています。その一つの目安として、私は、「小6の夏の時点で片づけができない子は、中学受験をさせてはいけない」という話をします。

普段からお母さんが部屋の片づけから外出の用意までやってあげていませんか。**机の周りやカバンの整理ができるかどうか、塾や学校の用意は自分で準備できるかどうか……これらは学習に対する「自主性」にもつながります。**

もう一つポイントとなるのは**「他者性」が育っているかどうか**、です。国語の問題では長文を短時間で読み込み、登場人物の気持ちの変化を答えさせたり、人生の機微《きび》や相手の心情をくみとるといった他者性が試されます。

そのほか出題者の意図を読み取ったり、他者にわかるような表現ができないと中学受験は難しいでしょう。これは、頭の良し悪しではなく、単純に成長段階の問題です。

このようなわが子の成熟度を見極めず、周りに流されて安易に中学受験をさせると、子どもをつぶしてしまうのです。

そして、わが家は中学受験をさせるとなったら、夫婦が一枚岩になって決してぶれないこと。**ありがちなのは、母親だけ熱くなってしまうことです。**父親が地方出身で中学受験の経験がなく、「どうなんだろうな」と思いながら傍観してきた場合、こういうことが起こります。

たとえば、息子と二人でお風呂に入ったときなどに、「おまえも大変だな、お母さんカッカきちゃってな」などと言ってしまうのです。そうなると被害者は子どもです。必ず伸び悩んでしまいます。やるなら夫婦で覚悟を決めてください。

また、「もし伸びなかったらやめればいいじゃない」というような言い方をする親がいますが、これも子どもが不幸になります。うまくいった試しがありません。

言い訳を子どもに与えているし、子どもは本気になれなくなります。やめるときは、スパッと後ろを振り向かずにやめればいいのです。**「伸びなかったらやめる」という中途半端な気持ちだと、途中でガクーンとテンションが下がります。**

志望校については、子どもに選ばせたように思わせることは大切ですが、中学受験は100％親の仕事です。よくある失敗は、受験しようとしている学校の文化祭などに子どもを連れて行って、「あなたはどうしたいの?」と聞いてしまうパターン。

子どもというのは、なんでも好きになってくれる素敵な生き物なのです。担任の先生は好きになるし、これやろうよと言えばやる。つまり、文化祭に連れて行った学校はたいてい好きになります。

ですから、あたりかまわず連れて行くのではなく、親のほうであらかじめ5、6校に絞っておき、どこに入ってもいいと思ってから見学に行くのが親のできることです。

受験で大切なのは、前にもふれた「主体性」です。自分でやりたくてやっているかどうかも見極めてください。**どこかで「やらされ感」がある子は、伸びませんし、自己像もさらに小さくなってしまいます。**

そのまま素直に公立中学に行けば、あと伸びしたのに、中学受験は突破したものの、下位で合格してピラミッドの末端が指定席になってしまった子もたくさんいます。

そういう子は、「どうせできませんから」と卑屈になってしまい、無駄に自己像を小さくしています。

人間の能力は無限です。そんなところで小さく収まることはないのです。

message 18

中学受験に成功するカギは、早熟・意志の強さ・主体性。

中学受験の成功事例です。私たちが「ノートの女王」と呼んでいたAさんは、主体性を持って中学受験に取り組み、見事に女子私立中に合格した一人。すばらしい秀才かというと違います。ごくごく普通の生徒です。中学受験をする子どもがゼロの地域に住んでいて、最初のころは塾に来るのに電車が怖いと泣いているような子どもだったのです。

でも、「絶対やる！」という意志の強さを持っていました。本当に**本人のやる気が強いと、一つのことを教えても吸収力が違うのです。**花まる学習会で教えているノート法も彼女は忠実にやり抜き、わからなかったことは時間をかけてわかるまで考え抜く。地に足がついた勉強法で、普通の子だったAさんが着実に伸びていきました。

一方、Aさんのお母さんは初めての受験でオタオタしていました。ところがAさんは、「お母さん、私は通るから大丈夫。お母さんは黙ってて」

とひと言。最初の1月の受験では落ちてしまい、すっかり受験に翻弄《ほんろう》されてしまったお母さんが「もうダメだ」と言っているのをなだめて、

「お母さん、落ち着いて。私、必ず通ってくるから。じゃあね」

と入試に臨み、毅然として帰ってきて、見事合格。中学受験は、親をいたわるような目《ま》で見ることができる、早熟な子が通るのだということを目の当たりにした経験でした。

message 19

中学受験の失敗とは「結果」ではない。「親が引きずって切り替えられない」のが一番の問題。

先の事例を「成功事例」と呼びましたが、反対の「失敗事例」とは、中学受験に不合格だったケースではありません。長い人生スパンで見れば、中学受験に落ちたあと公立中に進み、立派にメシを食えている子はいっぱいいます。

問題は合格・不合格という入試の「結果」ではなく、その**結果が出たあとの親の対処で決まる**と言っていいでしょう。

「残念だったけど、よく頑張った。仕方ないよね」と気持ちを前向きに切り替え、ケロリとすることができるかどうかです。**お母さんが大らかに構えていれば、子どももすっきり忘れられるのです。**

ところが、お母さんがいつまでも引きずってしまう場合があります。プチうつ状態ですね。これが一番困るのです。

朝から「はー」とため息をつくお母さん。子どもが「どうしたの？」と聞いても、「別に」と言いながら、全身から「引きずっています」のオーラが出ている状態です。

子どもは**「自分のせいでお母さんを悲しませてしまった、俺（私）がバカだからいけないんだ」**と思ってしまい、自己像を小さくしてしまいます。

どうかお母さんは「中学受験でわが子の人生は決まらない」と大らかに構えてください。

message 20

小学5〜6年は、鍛えるほど伸びるゴールデンエイジ。

「うちは中学受験をしない」と決めているご家庭もあるでしょう。中学受験をしないからと、のんきに構えていていいかというと、そうではありません。

もちろん、受験を想定しての勉強をする必要はありませんが、大学受験を視野に入れているなら、5、6年生は一度は鍛えてあげたほうがいい時期です。

とくに6年生の一年間は、成績の良し悪しにかかわらず最も伸びる時期ですから、学校の勉強をしているだけではダメなのです。

勉強の仕方も含めて、少し厳しい内容、とくに思考力を必要とする内容をしっかりやっておくと、高校受験のときにラクになります。

中学受験組のように受験という目標がないので、モチベーションが上がらないのは仕方がないことです。子どもはゴールが定まらないとやらないものですから。

熊本県南部の山奥、人吉市で生まれ育った私の場合、中学受験はしませんでしたが、学校の先生がモチベーションを高めてくれました。

6年生に進級早々、担任の先生に呼ばれて、こう言われました。

「私にはわかる。おまえは最初から全然レベルが違うから」

「高校で授業の内容が『わかる』程度ではダメだよ。おまえは熊本とか福岡、ヘタをすれば東京に行くかもしれないから」

自分で言うものなんですが、すごい認められ方ですよね。

先生に特別に認められたという思いだけで、ものすごく頑張れました。

「これから毎日、何でもいいから自習したものを持ってきてみろ。ハンコを押してやるから」と言われ、毎日毎日、問題集やドリルを思いつくままに提出しました。

問題集やドリルは、近所に1軒しかない書店に行って、母が買ってくれたのです。片っ端から漢字を書き写し、算数も社会も理科も何でもやりました。

1冊全部やりきって次の1冊にというふうに、どの教科が好きというよりは、面白さでやっていました。

受験という目標こそなかったものの、マイペースでできたので、どんどんやりました。ただただ先生に認められたかったのです。

先生はハンコを押すだけで、何も教えてくれません。答え合わせも自分でやっていました。

今思えば、私がやっていたことは都会の進学校に通っている子どもに比べれば、大したことではなかったかもしれません。

でも、小学6年生のあのときほど勉強したことはなかったと言いきれます。

私のほかにも数名そういう生徒がいましたが、みんなその後は成績が伸び、もちろんメシも食えています。

あのときの努力は今も効いていると思います。

学校の先生でも塾の先生でもいい、自分を認めてくれる大人の存在があると、子どもはぐんぐん伸びるのです。

message
21

感動体験の積み重ねで、豊かな「感性」は育つ。

「メシが食える大人に育てる」と並んで塾の教育方針として掲げているのが、**「モテる大人に育てる」**ということです。両者は重複している部分が多いのですが、モテる人というのはつまり、人を魅了する人ということです。

魅力的な人の特徴の一つとして、「感動体験の高みを知っている」ということが挙げられます。これは何も難しいことではありません。

たとえば花まる学習会の社員のB君は、山が好きで、一人で登山をします。ハアハア言いながら山に登っている途中で振り向いたときに見つけた一輪の花の美しさや素晴らしさ。目の前の石ころの美しさ。それを知っていると、くだらないことではぶれない人間になります。

そんなB君が仕事に選んだのが、「子ども」だったのです。

なぜなら、子どもは生きている最高の可能性だから。子どもをよくしていく仕事だったら一生やっていける、という強い思いで仕事をしてくれています。

自分の話で恐縮ですが、私の感動体験はジョン・レノンとの出会いです。

ジョン・レノンがすべて教えてくれたと言っても過言ではありません。もちろん英語なのですが、音楽としてズシンと入ってきたという感覚です。

彼がどういうことを教えてくれたかというと、言葉にするのは難しいのですが、たとえば「かっこつけたらダメだよね、人間は」といったようなことです。

二十歳前後のころ、いろいろなものを見たり聞いたりして吸収しようと片っ端からむさぼっていましたが、私のなかでは、ピカソでも、古今亭志ん朝でもなく、ジョン・レノンだったのです。

そして私がたどり着いた答えは、「くだらないことはしたくない」ということでした。

瞬間瞬間を意味のあるものにしていこうという気持ち。それが積み重なると、あっという間にすごい差になっているはずです。

くだらないことはしたくないと思って生きている人と、何となく流されて就活してまーすみたいな人。子どもをどちらのタイプにしたいですか。

感動体験が、そういったことを考える最初の契機になるのではないかと思います。

お母さんにお願いしたいのは、いい音楽とか、きれいな夕焼け、道端に咲いている草花に感動して涙する人であってほしいということ。

夕焼けに染まった空を見て、その感動体験を子どもと共有してほしいのです。

そうすれば、「わあ、空ってこんなに美しいものなんだな」と子どもは思うでしょう。すると、これから生きていく中で、空というものを気にする人になっていきます。

チェロの一音でもいい。「すごいね、楽器ってすごいね」でいいんです。

感じる心、感性を育てるには、周りの大人が感じたことを声に出して言葉で表現することです。

「いいにおいがするね」「おもしろい形だね」「表面がフワフワなのはなんでかな？」……。お母さん自身が五感をフルに使って、感じた音や色、においなどを伝えてみてください。

説明はいりません。**とくに低学年頃までの子どもは、「耳」から入った音を覚えることが得意な時期。**心にもしっかり響いているはずです。

同時に**モノそのものに触れ、動物や植物など自然を五感で実感することも大切です。**感動体験をたくさんした子どもに、ほとんどハズレはないと言ってもいいでしょう。

お母さん自身が流された時間の使い方をしていて、「忙しい、忙しい」と言っていたら、一緒に感動を共有できる余裕はありません。そこが、今の忙しいお母さんの落とし穴です。

message 22

子どもとの「感動の共有」が国語力・算数力アップのカギ！

時間がないお母さんでも、上手に子どもと感動を共有している人もいます。

「朝の時間」を上手に利用するのです。たとえば朝一緒に登園するときや、学校に送り出すとき、10分程度でいいから一緒に歩く。通勤ついでもいいのです。

「緑がきれいになってきたね」とか、「あそこに咲いている花、大きく育ってきたね」「寒くなってきたね」「雪がまだ残ってるね」といった会話が大切です。

たとえば100メートル歩く中で目についた植物の名前を雑草も含めてすべて言えたりしたら心豊かだし楽しいですよね。

植物などの自然がいいところは、絶対に育つものだし、においも気候も毎日変わってくるものだから。その変化を感じながら、言葉に出してみるのです。

うまくいっている人は、朝の時間を確実に上手に使っています。私立の子では、お父さんと一緒に登校しながら、そういった共有の時間を持っているケースもあります。

逆に言うと、朝しかそんな時間はとれないでしょう。登校時間は確実に決まっていますから、スケジュールとして組み込みやすくておすすめです。

「心がけ」ではなく、「スケジュール」にしてしまうのがコツです。

感動の共有を続けると、国語力がアップするというメリットもあります。

中学入試を見てみても、最後の最後は感性の差です。

これは算数でも同じです。

先ほど紹介したように、入試では大人度を試すと言いますが、結局は「感性」と「他者性」の差なのです。

他者性は、会話のなかで育てられるものです。

他者に対する想像力ですから、たとえばテレビなどで、お母さんを亡くしてしまった子どもを見て、お母さんが「つらいだろうね」と共感する言葉を言い続けることなどから子どもは学びます。「そうか、つらいって思うんだなあ」と。

別に受験のためではなくても、ニュースを見ながらお母さんが感想をもらしたりすると、自然と子どもも会話のなかで感じとっていきます。

毎日のテレビの感想などはもう、

「これ、親のほうが悪いんじゃないの」「なんでこんなことするのかしら」

といったように、お母さんの素《す》が出てしまう部分なので、いい母でいようなどと思っても無駄。お母さんの人格が出てしまうところです。

わびさびについても、小学校あたりから教えてあげたいものの一つです。シーンとした静けさのなかで水の音がするのを、

「ああ、『古池や蛙《かわず》飛び込む水の音』ってこういうことだよね」

と言えるかどうか。あるいは、桜の花が散っていくのを見て、「散り際が美しいわね」とか。見えない人にとっては、そんなもの無意味ですからね。

「ポチャンって水の音がしたから、それが何?」……このあたりは、お母さんの能力が明らかに問われてしまいます。責任重大なのですよ。


普段の生活や何気ない会話のなかに、子どもをあと伸びさせるポイントはたくさんあるのです。

message

23

笑わせ上手は「モテる大人」に育つ。

魅力的な大人という意味では、「笑い」も大きな柱です。

笑わせ上手というのは「おもてなしの心」に近いもの。**いつも誰かを笑わせたいなと思う人のところには人が集まります。**

これも小さいころからの家庭に流れる文化の一つです。

私の父はまじめ人間で笑わせ上手とはほど遠い人でしたが、母はユーモアがある人でした。

小さいころ、大笑いを何度もしたから、人は大笑いできる大人になります。

友だちを何度も喜ばせることをしたから、人を喜ばせられる大人になります。

ただ、笑わせ上手というのは、後天的な経験値がものを言うので、必ずしも家庭に笑わせ上手がいなくても心配ありません。私も笑いの経験は完全に外で磨きました。

一度笑わせ上手というポジションを手に入れてしまうと、おいしいですよ。もうそのキャラでいたくていたくて仕方なくなります。なぜなら、人を笑わせることって根源的な喜びだからです。

かつて心の病気で亡くなってしまった私の友人・知人が何人かいます。

まじめで人柄もよかった彼らの共通項には、思い当たるところがありました。責任をまともに背負ってしまう誠実さ。その一方で、ストレスをいい加減で笑い飛ばす、あるいはすり抜ける「遊び」が足りなかったことです。

「ま、いいか」ができないというのか、凝り固まりそうな思いを笑い飛ばすことができない。少なくとも、人を笑わせるタイプではない。

私の知っている限りでは、幼いころ、「いい子」でいようとした人が多かったように思います。

もちろん、まじめが悪いというわけではありません。土台としてまじめなのはとても大事です。

しかし、まじめの仮面をパカリと割ってバカになれたり、周りの人を大笑いさせるような遊び心はとても大切です。

人生を満喫している人は、遊び心に満ち満ちています。そしてそれは、遊び心を発揮して、「ウケた成功体験」の積み重ねで培うものなのです。

かつてC君という小学1年生の男の子がいました。

勉強はできるのですが、堅物という表現がぴったり。もちろん冗談も言いません。

本当は、C君のような子は「ウケる自信がない」だけなのです。

ところが2年生の秋、ちょっとしたお下品ギャグを言ったらバカウケ。紅潮した顔に、その喜びが表れていました。

「優秀」の道を歩んでいた彼が、「魅力的」の道に路線変更した瞬間でした。

こういう小さなステップは本当に大切です。C君はそれ以降、学年が上がるにつれて、クラス中が彼のギャグを待つような人気者に変わっていきました。ちなみに、私自身も同様の経験で路線変更し、変わることができた一人です。

II

「一生折れない心」をつくる言葉

message 24

お母さんは、男の子の「オスのツノ」を折らないで。

男の子を育てているお母さん、男の子はオスに育ててあげてください。

「?」と思った人もいるでしょう。どういうことか説明しましょう。

「友だちが4段の階段から飛び降りたから、俺は5段から飛び降りるぞ!」

これが男の子です。

普通のお母さんは、「あんた、バカじゃないの?」「やめて!」と思うでしょう。

男とは、いくつになっても危ないことにスリルを感じるし、チャレンジしたいし、危険合戦《がっせん》が大好きな生き物なのです。

冒険家の三浦雄一郎さんが80歳にして見事エベレストに登頂しました。男から見たら、単純に「すげー、すげー!」とシビれます。でも女性は現実的なもの。「なんでそこまでして登るの? 誰も頼んでいないのに」となるでしょう。

子どもの小さな冒険も、危険なことをしたい気持ちも、基本的には同じです。でも、女性の平和がいい、上品がいいという感覚が、男のツノを折ってしまうことがある。**お母さんの優しさが、男の子がオスになることを妨げてしまう**ことがあるのです。

ママの言う通りにする「いい子」は危ない。オスとして生かしてもらえなかった子どもが、現在の300万とも400万とも言われる引きこもりをつくってきてしまったのです。

message
25

「戦いごっこ」を止める子育てが引きこもりやニートをつくる。

ニートや引きこもりに代表される「働かない大人」は圧倒的に男性が多いのですが、それは、「戦いごっこ」なんてしないでほしいと、ママがオスらしく育つことを阻んでしまったことも一因です。

「ママ、そういうのイヤだな」と戦いごっこをやめさせてしまった結果、ツノをへし折ってしまった。女性としてのママの感性のなかには存在しないけれど、生物として湧《わ》き上がってくる男としての情念や情熱があるのに……。

一時「草食系男子」という言葉が流行《はや》ったのも、ツノをへし折られ、オスの迫力を失った男性への危機感からではないでしょうか。

では、引きこもりのお子さんを持つお母さんは、一生懸命に子育てしてこなかったのでしょうか。いえいえ、どのお母さんも、子どものことを思い、子育てに頑張ってきたお母さんばかりです。悪気などまったくなかったのです。ただ、地域の絆《きずな》が断ち切られ、孤立した子育てのなかで、「男はケンカするものだよ」「男って違う生き物なんだよ」と教えてくれる人がいなかったのでしょう。

まじめ母さんとしてちゃんとやってきて、子育てもちゃんとしなきゃいけない、でも頼るところがないというようなお母さんが一番危ないのです。

message
26

「男の子はカブトムシだ」と思って観察しよう。

「男の子って、どうしてこうなの」

そう嘆くお母さんが多いなか、私はいつも、**「わかろうとするからいけない。カブトムシを飼っていると思って、観察をして生態を学べばよい」**と話しています。

「なんかツノを上げ下げしてるな～」「へえ、土にもぐるんだ～」

こんなふうに、わかろうとしないで行動を面白がるのが男の子を見るときのコツです。

ほとんどのお母さんが、男の子をカブトムシだと思えないから、行動を叱りつけてしまうのです。

「なんでいつまでもイジケてるの！」

「そんなことしたら危ないでしょう」

「汚いからやめて！」

「遊びに負けたくらいで泣くんじゃないの！」

……なぜ、そんな行動をとるのか理解しようとしなくていいのです。わかろうとして先回りして手を出してしまうお母さんの優しさが、子どもをダメにしてしまうこともあります。

優しい子、思いやりのある子に育ってほしいと思うのは当然のこと。優しさは美徳ですし、大切にしなければいけない。でも優しさは「強さ」の上でしか成り立ちません。現代の男性の多くは、強さをはぐくむ経験を奪われて育っているため、ケンカやトラブルの機会が少なく、ゆえにそれを乗り越える経験も不足しています。するとと大人になってから理不尽に直面したとき、ただ困ってしまったり、逃げてしまうことになります。

たとえば社会に出て、「売ってこい！　結果が出てなんぼだろう、こら！」などと言われると、びっくりしてしまう。「え？　僕にそういう言い方していいんですか？」「ブラック企業だ」などと陰で悪口を言ってみたりする。つまり、理不尽を受け入れきれていないのです。

ママの言う通りに育ってきた人格を持って社会人になってしまうと、とんでもないことになります。「ひどいな、世の中って」と心底びっくりしてしまうでしょう。

某国立大学を出た新入社員から、入社2日目にこう言われたことがあります。

「あの、ぼくに注意してくださるのはわかるんですけど、言い方に気をつけていただかないと……」

開いた口がふさがらないとはこのことです。
たくましさという一点において、この国の教育は圧倒的に足りていません。

一方で女の子は強い。なんてったって、小さいころから「いじわる合戦」でいじわるには慣れていますから。いじわるへの耐性ができているのです。

もし就職して、イヤな上司にいじめられ、たとえそのときは泣いたとしても、「今に見てろよ」「あいつのお茶にぞうきんのしぼり汁でも入れてやろうか」という気持ちになれる。いじわるをされたら、いじわるの倍返しができるのです。

女の子は負けていないです。そういう意味では男よりも頼もしい存在です。
企業の人事の方と話していても、採用するときに「いいなと思うのは、みんな女の子」だと言っています。

息子を持つお母さん、戦いごっこを止めないでください。カブトムシのツノを折らないでください。**優しさだけでは、世の中生きていけません。**

message
27

「ギリギリまでやらない」のが男子の習性。

「早くやっとけばラクなのに！」

日本のお母さんの何千万人がこのセリフを息子に言っているでしょう。かく言う私も、しょっちゅう妻に言われています。でも、いくらメリットを伝えられても、耳に入ってこないんですね。

コツコツやる女子、ギリギリまでやらない男子、責める女子、聞いてない男子――普遍的な光景です。

1週間前から塾の宿題が出ているのに、なんでギリギリまでやらないのか、とお母さんは息子に怒ります。会社では女子社員が、期日まで1週間あったのに、なんで今ごろになってやってるわけ？　意味わかんない、と男性社員を責めています。

自戒も込めて言いますが、段取りがうまくできれば苦労しません。

「わかっているけどやっちゃうんだもん」。それが男の子です。

自分も含めて男は人生において、「早くやってラクをしよう」と思ったことがないのかもしれません。だってギリギリにやって、実際できてるじゃん、ということなのです。もしかしたらギリギリで追い詰められるスリル感が好きなのかもしれません。そこが男の子のかわいさだと思って、やることをやっている限りは温かく見守ってください。

message

28

思春期の女の子は新人OLだと思って接しよう。

では、女の子はどう育てればいいか。引きこもりには圧倒的に男が多く、今の日本は男が育っていない。そんなわけで、今まではどうしても男の子のほうに言及しがちでした。でも最近、**「母と娘の関係」の重要性**に気づいたのです。

小学校高学年にもなれば、子どもは大きく変わります。オタマジャクシが若いカエルになるように（149ページ参照）、女の子はもうすっかり大人に脱皮してしまいます。

小学5年生くらいの時期によく聞かれるのが、「母と娘の大バトル」。もうほとんど大人になっている子どもに向かって、「宿題は終わったの？」なんて言っているからケンカになるのです。子どもが変わったのに、お母さんが変わっていない。子どもからしてみたら、「終わりましたけど、何か？」という感じでしょう。

5年生女子の世界はすごいです。いろいろなところから情報がボンボン入ってきますから。

この時期の女の子が聞きたいことは、たった一つだけ。「お母さん、幸せ？」ということ。「あの人（お父さん）でよかったの、本当に」ということです。

つまり、家庭ってどうなの、結婚ってどうなの、仕事するってどういうこと？ ということが知りたいのです。

お母さんはかっこつけたり優等生ぶらなくていいんです。本音を言えばいい。

女の子が5年生になったら、4月1日でもいい、今日からでもいい。こう言いましょう。

「あのね、お兄ちゃんにもお父さんにも言わないこと、お母さん、これから全部教えてあげるね」

女の子ならもう、「えっ!」と思うはずです。

お母さんから見たら、**新人OLが入社してきたと思えばいい。**女の先輩として、仕事のこと、体のこと、性のこと、おつき合いのこと、お化粧のこと——お母さんとしかしゃべれないことがあるでしょう。つまり、メディアを通したり先生が言うことではない、お母さんと娘だから話せる、本当の現実の話です。男の人とつき合うってどういうことか、とか。

「お母さんね、お父さんと結婚する前に5人つき合ったんだよ」

「まじ?」

「高校のときサッカー部の彼氏がいて、すごいイケメンだったんだけど、別れちゃったんだよね」

「そっちのほうがよかったんじゃない?」

これは**間違っても息子に話さないでください。**きっと気絶して、二度と立ち直れなくなります。だって**息子にとってお母さんは女神《めがみ》**なんですから。それはもう、「ママは、僕を産むために生まれてきたんだもんね！」と思うくらいの圧倒的な女神感です。そんな生臭い話は絶対聞かせないでください！

それに引き換え女の子は正反対。「それで？　どうやって別れたの？」。現実的な話をもっと知りたいわけです。

こうやってお母さんから具体的な話をしっかり娘に伝えることは、世の中のためになるとすら思います。そうやって女性が女性としてしっかり育つことで、男の尻を叩いてちゃんと支えてもらわなければならないのですから。

男ってこんなもの、結婚ってこんなもの、仕事と家庭のバランスってこんなもの……。「あなたたちが大人になるころは、必ず妻も働く時代になる。だから資格は持っていたほうがいいよ」といったような、女性も自分の力で最後は生きる力をつけたほうがいいよ、ということをしっかり言われた娘は強いです。

message

29

子どもは「母のまなざし」に敏感な生き物。
「無意識なえこひいき」に気をつけて。

「きょうだい育児の落とし穴」というものがあります。弟には甘いのに、お姉ちゃんにはきつく当たってしまう――ケースによってきょうだいの組み合わせはそれぞれ違いますが、きょうだいでお母さんの態度が変わるという話はよく聞きます。

差をつけられたほうの子どもは、どうなるか。「どうして私ばかり怒られるの?」などと反発したり、怒りをぶつけたり……。その子の行動や性格形成に悪影響を与えます。

もちろん、親は「平等」に接しているつもりですが、子どもはそう思っていない。何が違うかって、その子を見つめるまなざしが違います。**子どもは、お母さんのまなざしの違いにとても敏感なのです。**

Dちゃんという女の子のお母さんがまさにそうでした。小学1年生でDちゃんが花まる学習会に入ってきたとき、お母さんは「あんた、ちゃんとやってんの?」とでもいうような、**監視するような目で見ているのです。**

お母さんの口をついて出るのは、「Dは、こういうところがダメですよね」といった言葉ばかり。Dちゃんも最初はせつない思いでいたのかもしれません。でも3年生くらいになってくると、お母さんに「死ね!」「バカ!」「デブ!」「お母さんなんかいらない!」などと言うようになりました。それに対してお母さんはもう、キレるキレる。

「ほんと、こいつ、腹立つ」「私、子育てやめます」と言って、ボロボロの状態でした。

ところが、実はお母さんこそが犯人だったということが、このあとわかりました。

2歳差の弟が1年生で入会してきたときのこと。お母さんの目が全然違うのです。「かわいい〜♡」と言わんばかりの、本当に目にハートがついている状態で弟を見つめているのです。

「お母さん、お姉ちゃんと弟で見る目が違うもん」「二人に対する言い方も違いますよ」と、いくら私が指摘しても、「だって、○○（弟）はちゃんとやるんですよ」と反論します。

母と娘では、女同士のライバル心のようなものもあるのでしょうか。**相互作用できつくなってきて、お姉ちゃんが「お母さんを困らせてやる」となる一方、お母さんもついきつく当たってしまう言い癖が直らない。**

ある日、「宿題をやった、やらない」で大ゲンカをしたというので、お母さんの悩みを聞いたうえで、お姉ちゃんとも話をしました。まず人生を説くことから始まって、

「私から見ても、お母さんは明らかに○○（弟）のほうを見てる。目が違うもんね。それはわかるよ。でも、お母さんがあなたのことを好きなのは間違いないよ。ただ、女同士だからわかるだろうという甘えもあって、ああいう態度に出ちゃうんだ」と。

すると納得したようで、それからDちゃんは明らかに変わりました。情緒が安定し、お母さんをわざと困らせるようなことを言ったり、激しく怒ったりしなくなったのです。**子どもは、お母さんの愛情を本当に独り占めしたい**のです。でも独り占めできない、という思いを、お姉ちゃんのほうはずっと引きずってきたわけです。

きょうだいのなかで、「弟はOK、お姉ちゃんはNG」といった構図ができ上がってしまうと、「バカじゃないの！」「ちゃんとやれるでしょ」などと、いつも同じワードで子どもを責めてしまうことも多いのです。

でも、このケースの場合はまだお母さんが相談してくれただけよかったのです。「お姉ちゃんへの言い方がきついよ」と指摘してくれる人も、止める人も誰もいない。父親の存在感が小さい……。そんな「母子カプセル」（まるで狭いカプセルの中に母と子だけが閉じ込められたような孤立した状態）のなかでは、無意識に特定の子どもをつぶしてしまうことがあるのです。

message
30

もっと自分を見てほしい、
気にかけてほしい…。
「一人っ子作戦」は、いくつになっても効果的。

なぜかひねくれている、いつもムスッとしている、友達にいじわるなことを言う、親を困らせることばかりする、勉強する気なし……。そんな「問題児」の根っこにあるのは、母親の愛情欲しさ。**きょうだいのなかで「愛情争奪戦の負け組」になってしまったために起こる**深刻なケースは多々あります。お母さんはつい、子どもの行動だけをとらえて、どうにかしようとしがちですが、ここに気づかないと後々大変なことになります。

「不良の友だちとつき合いだした」という中学2年生の女子Eさんの例です。

彼女のお母さんは「まじめないい子だった娘が不良になってしまう」と心配でたまりません。しかし、中学生になった娘の友人関係に親が介入することもできません。そこでお母さんは、私が講演会でよく話している**「一人っ子作戦」**を試すことにしました。

「一人っ子作戦」というのは、先ほど紹介したように、きょうだい間の愛情争奪戦の負け組になって劣等感のかたまりになっている子、親にかまってほしくて反抗的な態度をとっているような子にとくに効果的な方法です。

やり方は簡単。ほかのきょうだいは夫や祖父母に預けるなどして、とにかく**「お母さんと二人きりになる時間」をつくる**こと。一緒にごはんをつくって食べてもいい、買い物に行くでもいい、「おまえがかわいい」とわざわざ口に出さなくても、小さいときの写真を見ながら思い出話をするだけでもいい。**「私、こんなに愛されているんだ！」ということを実感してもらいます。**

自己肯定感をなくしていた子どもが、両親にちゃんと愛されていることを確信したとたん、自信とやる気にあふれる子どもに変わった例を、私もたくさん見てきました。

一人っ子作戦は、何歳になっても効きます。Eさんのお母さんは「車に乗りなさい」と娘をドライブに誘いました。普段めったに乗らないのに、その日は珍しく乗ってくれたそうです。お母さんは、ここで降りられたら大変と、高速に乗ってしまいました。

車内では、お母さんがどれだけあなたのことを心配しているか、ずっと話し続けたのですが、Eさんは終始ムスーッとして無言のまま。ところが1時間が過ぎたころ、ようやく口を開いたのです。

「お母さんさ、まだ気づいてないでしょ?」

「何が?」。お母さんは意味がわかりませんでした。

実は、Eさんの弟には障がいがあって、お母さんはずっと弟のほうにかかりきりでした。

「知ってる？　お母さん、私だってずっと応援してたんだよ。だけどお母さんとドライブするの、今日が初めてだよ。私だってさびしかったんだから！」

これを「自己開示」と言います。自分の気持ちをありのまま言えるというのは大事です。たとえば「どうせ、ぼく（私）なんかかわいくないんでしょ！」と子どもに言われてショックを受けるお母さんがいますが、心配いりません。こう言えるのは、逆に、お母さんが今までちゃんと愛情をこめて育ててきた証拠だからです。

心配なのは、自分の気持ちを言えない子、封印してしまう子のほうです。障がい児のきょうだいは、お母さんが大変なのを見ていますから、何かと我慢しています。Eさんの場合も、「お母さんを独占したいけど、できない」という気持ちを長年ため込んできたのです。

でも、一度自己開示をしたらもう大丈夫。堰《せき》を切ったように女同士でいろいろな話をしたそうです。心配していた不良友だちも、実はいじめられそうになったEさんを助けてくれたいい子だということがわかりました。お母さんは何も知らなかったけれど、Eさんが中1のとき、「財布を盗んだ」と濡れ衣を着せられたことがあったのです。

「そのお友だちをうちに連れてきなさい」。その後、外見は怖いけれど優しいツッパリ友だちをごはんによんだりしてかわいがりました。今は二人とも立派に自立しています。

message
31

子どもと一対一の時間は、
「心がけ」ではつくれない。
「予定」に組み込んでしまえばうまくいく。

お母さんは胸に手を当てて考えてみてください。

「自分は親にかわいがられている！　愛されている！」とわが子に思われている自信はありますか？

子どもはいくつになってもお母さんと二人きりの時間を望んでいます。だから一人っ子作戦は有効なのです。

でも、子どもと一対一の時間をつくろうといくら心がけても、うまくいきません。あらかじめ「予定」として組み込んでしまう。これが一番うまくいきます。

たとえば、「土曜日の午後の買い物は、お姉ちゃんとお母さんだけで行く」というルールにします。

「うちの子、私となんて買い物に行きたがらないですよ」。そう言っていた6年生の女の子のお母さんも1週間後、「あんなに喜んでくれるとは思いませんでした」とびっくり。

子どもは誰だってお母さんの一番でいたいし、お母さんを独占したいし、自分を見ていてほしい生き物です。イヤがっているそぶりを見せていたとしても、すねているだけ。

「いいよ、行かなくても」と言われても、「ダメダメ、もう決めたの」と言って物理的に予定をつくってしまいましょう。本音では心から楽しみにしている子が多いのです。

message
32

親の愛情が「満月」の子は、ストレスからの回復が早い。

「一人っ子」はわがままとか、精神的にヤワだといった世間のイメージがありますが、実は、一番問題が少ないのが一人っ子です。

なぜかと言うと、**親の愛情だけは「満月」だから。「絶対的に愛されている」という自信に満ちているから、心が折れにくい。ストレスからの回復も早いのです。**

一人っ子に足りないのは、〝もまれ体験〟だけ。**お母さんが勇気を持って、外に出しましょう。**特別遠くに行かなくても、親戚の家でいい。一泊二日でいいから、「親のいないところでイヤな目に遭《あ》ってこい」ということです。

一方、親の愛情が自分に対して欠けている、「三日月」だと思い込んでいる子どもが、どれほど多いことか。そして、この**三日月の愛が、どれほど子どもの一生の心の傷になるか——。**

リストカットを繰り返していた高校2年生の女子Fさんのケースを紹介しましょう。

お母さんは最初、「リストカットをする娘の病気を治してください」と相談に来られたのですが、話を聞けば聞くほど、犯人はお母さん。Fさんには育てやすい姉がいて、

「姉＝◯、妹（Fさん）＝×」

という図式が17年間、「型」になってでき上がっていました。

母、姉、妹（Fさん）の三人で道を歩いていて、ママ友にばったり会ったときのことです。相手からちょっとした挨拶のつもりで、

「すごいわね、お姉ちゃん、また100点だったんだって？」と言われたら、

「こっち（姉）はいいんだけど、こっち（妹）がね……」

と、妹をダシにして謙遜《けんそん》する。お母さんは「言い癖」がついてしまっているのですが、傍《そば》で聞いているFさんはいつも傷ついていたのです。

これが、よくありがちな**「挨拶言葉の罠《わな》」**です。

同様に、**「携帯電話の罠」**もあります。たとえばママ友と携帯で話をしているときに、軽口程度に**「うちの子、バカだから……」**などと言った経験はありませんか？

それを聞いた子どもは「え？　俺ってバカなんだ」と思ってしまいます。隣《となり》の部屋だから子どもに聞こえないと思っているかもしれませんが、「お母さんは僕のことそんなふうに思っているんだ」と知った子どもは、深く深く傷ついてしまいます。

お母さんには「頑張って育ててきた」という思いがありますから、そんな小さなことは

全部忘れているでしょう。しかし、子どもは恐ろしいほど正確に言葉一つひとつを覚えていて、「母親にかわいがられなかった」という証拠をたくさん胸に秘めています。

たとえば母親がケーキを買ってきたとします。

「今日、ケーキ買ってきたのよ」の最後の「よ」のときにいつも弟のほうを見ていた、と訴えた子どももいました。つまり、いい話のときは、絶対にかわいい弟のほうしか見ない、ということなのです。

お母さんの顔の向きとか表情とか、子どもは本当によく見ています。そんな小さなことから、「ああ、私より○○のほうがかわいいんだ」と思ってしまいます。これはお母さん自身さえ気づかない部分でしょう。

当然、傷ついているほうの子どもは、いじけたりすねたりします。するとお母さんはいつもすねる子どものほうを本当にかわいく思えなくなってくる。悪循環です。

こうした悪循環のツケは大人になってからやってきます。自己肯定感の低い、自立できない子どもを抱えることになってからでは遅いのです。冷静にわが身を振り返ってみてください。

message
33

10歳をすぎたら、親は「切り替え」が大事。
叱るのは外の師匠にまかせよう。

高学年になると、子どももちょっとしたことで口答えするようになってきます。「脱いだものはちゃんとかごに入れて！」と注意すると、「わかってるよ」というふてくされた態度。さらに「お母さんだって、ダラダラとテレビ見てるじゃん」と痛いところを突いてくる……。

でもこれは、子どもは高学年になってオタマジャクシから若いカエルに変わったのに、お母さんが変われていないということ。高学年から先はもう信頼するしかない時期です。ふてくされて「わかってるよ」というのが、この時期の、とくに男の子の生態です。

もちろん、生活面でだらしない部分については、うるさく言っていいでしょう。**10歳をすぎたら、部活の先生や塾の指導者など、ビシッと叱ってくれる外の師匠を見つけ、師匠にまかせてしまいましょう。**私がこのような相談を受けてよくやる手があります。まず、相談を受けた子を見つけて、目をじっと見る。ちょっと怖い声を出すのもコツです。「ちょっと待て。目を見ればわかる。おまえ、家でだらしなくしているな」「いえ、してません」「嘘をついているな、おまえ」と。すると「すいませんでした！」と言います。

この時期の子どもはオカルト的なものを信じるので面白い。親が聞いたら笑ってしまいますが、**真実とか論理ではなく、威圧感やカリスマ性に弱い年ごろなのです。**

message 34

外の師匠の選び方
——根に愛情があるかどうか。

「外の師匠」とはどんな存在か。私の小学校のクラスメートで、校長になっている友人Gがいます。Gは水泳日本一を出すような熱血体育教師だったのですが、先日、40年ぶりにGとその教え子たち（みんな社会人です）を集めて私がお邪魔する機会がありました。そこで初めてGの教え子たちを見て私が感じたのは、ひと言でいうと、みんなGに「なついているなあ」ということでした。

「水泳部のときのGはどうだった？」と聞くと、みんな一様に「ただただ怖かっただけっすよ」と言います。聞けば不良も一目置くほどの怖い先生だったといいます。

サボりたくて「熱が出ました」と言おうものなら、見抜かれてにらみつけられ、「泳げば治る」と言われたそうです。今の時代ならそのひと言がネットに流れて問題になってしまったかもしれません。ですが、Gのことを慕う気持ちが伝わってきます。

彼らにとってGは一生の師なのです。その厳しい指導の結果はどうかというと、水泳部の教え子たちはみんな仕事に就いている、メシが食えていない人は一人もいない。

要は、子どもたちは、たとえ厳しくても「根に愛情があるかどうか」を見ているのです。それさえあればいい。ものすごく恐ろしくて怖い先生が自分を認めてくれるから、子どもは頑張れるのです。

message
35

「寝坊」は、子どもの将来最大の敵。

子どもの「寝坊」を甘く見てはいけません。

引きこもりになったほとんどの子どもが、昼夜逆転の生活をしています。この**昼夜逆転の生活の元をつくるのは、小学生時代です。**そのころに「日曜くらいは寝坊していいよ」「週末くらいは寝てていいよ、疲れているでしょう」と「寝坊」というカードを子どもが手に入れてしまうと、必ずどこかで出してきます。

子どもというのは**本来、３６５日早起きする生き物です。**

人を雇ってみてつくづくわかりましたが、寝坊は想像以上に根深いものです。「朝が弱い」のは致命傷になります。３６５日のうち、何回か起きられなかったということが必ずあるからです。

当然ですが、「今日はちょっと起きられないかな」という甘い考えは、社会に出たら通用しません。寝坊というカードを持っていると、いつか「起きられない日がきてしまう」ということ。たったそれだけで休まれてしまったら、会社はたまりません。何とか助けてあげたいと思っても、そこでアウトです。

今日から子どもには、何があっても３６５日、早起きさせましょう。旅先でも早起きです。**「早寝早起き朝ごはん」**は、みなさんが思う何倍も重要なことなのです。

message

36

子どもには「基礎モテ経験」を持たせよう。

昼夜逆転生活と並んで、引きこもりの青年たちの特徴が、ゲームにハマってしまった経験があるということ。

長年、現場で見てきた感想を言うと、**ゲームは時間の無駄、人生の無駄**です。

ゲームは、二次元大好き青年をつくる大本《おおもと》です。男はそもそもゲームにハマりやすく、画面が相手をしてくれると、とことん幸せなのです。生身の人間との関係こそが大事なのに。すると、生身の女性が目の前にいても何をしていいのかわからない、ということになります。

「女ってすぐイライラするし」「めんどくせぇし」。だから二次元の女性のほうがラクだという論理です。

男女問わず友だちや異年齢の子どもたちとみんなで遊んでケンカして泣いて、「ごめんね」と仲直りして……そんなことを繰り返し経験していく時期なのに、その機会を奪ってしまうゲームは罪深いのです。

私たちは何のために仕事をして頑張っているのかというと、社会で生き抜くためでしょう。その生きる力をゲームは奪っているのです。

よく「自分もゲームをやっていたけど、平気ですよ。そんなに心配することありませんよ」と言う人がいますが、平気じゃないでしょう。妻一人満足させてないじゃん、会社で女性の部下一人、上手に使いこなせていないじゃん、という話です。

ゲームによっていろいろな面で明らかに人間力が落ちています。

もちろん、ゲームをやっていたって普通の人はいます。運動神経がよくて話が面白くて、モテモテ系の人は、ゲームをやろうが何をしようがモテます。

違いは、モテた経験があるかどうかです。**モテる人は、女性との距離感のとり方がうまい。これには生身の人間との経験しかありません。**

ゲームでドツボにはまってしまった青年たちに足りないのは、「基礎モテ経験」です。

たとえば幼稚園のとき、「○○君と結婚したい！」と言われたとか、小学校のときバレンタインデーにチョコをもらったとか、そんな小さなことでいいのです。

「バレンタインのチョコ？　お母さんがくれました」――これは配慮です。配慮は痛い。

私の教え子でも、とうとうゲームを持たないまま大人になった子たちがたくさんいます。

ゲームを一切禁止にして、すでに大学生になっている教え子のお母さんに感謝されました。

「よかったです、あのときゲームをやめさせて」と。

大学2年生になったその彼が先日、私のところに挨拶に来ました。もちろん、「彼女」

を連れて……。部活ではラグビーをやっていて、ゲームは一切しなかった子です。

「おまえ、ゲームやりたいと思わなかった?」と聞くと、「あのころは何でうちの親だけ、俺をこんなに苦しめるのかと思ってました」と、親を憎んだと言います。

でも現実を振り返ってみると、基本的に学校ではゲームはやらないし、塾にも行っていて忙しかったし、友だちとは外遊びをやった思い出しかないからまったく問題なかった。ときどき、みんながゲームの攻略法で話が盛り上がっているときに話題の輪に入れなかったことはあったけれど、「そのときは本を読んでいましたし」とケロッとしています。

別に友だちがいないわけじゃないし、ケンカも強いし、困っていない。現実にこうやって彼女も連れて来ている。

最近、大学生でも彼氏や彼女がいない人が多いようです。先日もある飲み会で17~18人の男子学生が集まりましたが、一人として彼女がいませんでした。

限りある少年時代、モテるためのいろいろな経験を積まなければいけない時期にゲームにハマってしまったら、彼女も見つけられません。

私の希望は「ゲームは18禁」ですが、少なくとも、小学生時代は禁じてOKでしょう。

message
37

「メシ」の文句は「職場」の文句に通ず。

「こんなごはん、食べられない」「食べたいものがない〜」と文句を言う子どもがいます。

年齢にもよりますが、この状態を放置してはいけません。厳しい言い方かもしれませんが、ごく初期のしつけに失敗してしまったパターンです。

小学3年生くらいまでは、ごはんの好き嫌いもある程度おおらかでもいいですし、嫌いな野菜をみじん切りにして食べさせてもいいでしょう。ただ、高学年以降になって食べものに対して文句を言ったときは、容赦なく厳しく叱ってかまいません。

「甘えているんじゃない。だったら自分でえさでも取ってこい」という話です。つくってくれた人への感謝の気持ちや謙虚さが基本的に欠けてしまっているのですから。

今まであなたをずっとかわいいと思って育ててきたけれど、つくったごはんを食べられないなら、もう家族ではないと、それはもう引けない一線にしてください。

ただし、**叱るときは感情的にならずに、「この子はこのままだとメシが食えない大人になってしまうのだ」と思って、冷静に叱ってください。**

このまま「よしよし」で育ててしまったら、いいことはありません。

親が何でもやってくれることに慣れてしまっている子どもは、引きこもり予備軍です。

本当は寄宿舎や山村留学に行かせて、親がいないとこんなに大変なんだという状態に置いたほうがいい。一度、よその家のごはんを食べてみれば本当にわかると思います。

このままでは「お母さんが遅く起きるから僕が起きられなかった」などということになりかねません。

子ども一人、自立させるということはものすごい責任だと思います。出されたごはんに文句を言う、朝起きられなかったと文句を言うような子どもが社会に出て会社に入ったとしても、文句を言うだけの大人になるでしょう。

私はよく、入社して新人時代はとにかく何でも鵜《う》のみにしろ、と言っています。

就職するということは、まず行った先の組織の常識に寄り添うことです。それはその組織の文化であって、真理ではありません。

周りの人とうまくやっていく論理というのは、昔からまず文化を鵜のみにしてつき合うことです。

「前の会社じゃこんなことやっていないんですけど」と言った時点でアウトです。

「一般的にはどうなんですかね……」と言ったたって、**「うちではこのやり方でやっている」**

ということなら、まず添うてみる。正しいか正しくないかとか、人としてどうだとか、一般論や真理ではないのです。

この正しいか正しくないかを主張する若者が増えているような気がします。

ありがちな例なのですが、体育会系の会社に入社したとき、上司に敬語を使わなければいけないこともの み込めない。

「だってフランクに育ってきましたから。そんなこと言われたことないですし」

「この会社、おかしいんじゃないですか？」

そんなことを平気で言う新入社員が本当にたくさんいるのです。

message
38

メシが食える人間に必要なのは「もまれ経験」と「理不尽体験」。

就職力のない人が増えています。お母さんが何でもやってくれたから、会社が自分を教育してくれるのも当たり前と思っているのです。

「うちは新人は早く出社するのが常識なんだ」となったら、「それっておかしくないですか」などと言わずに、まずその常識に寄り添うということです。

私も経営者ですから、今までたくさんの新人を見てきました。入社3日目に、

「コンプライアンス、大丈夫ですか、この会社」

「そういうことを言っていいんですか？ 言い方に気をつけてもらわないと困ります。新人が早く来るのは絶対おかしいと思います」

などと言われたこともあります。これは平等主義の教育を受けすぎているのかもしれません。

会社の常識を変えたいなら、会社である程度のポジションをつかんでから変えていけばいいのです。

まず寄り添うことができないから、文句を言ってはじかれていく。そしてやがては引きこもり君になっていく――。

やはりここでも大切なのは、小さいときの「もまれ経験」です。子ども時代にどれだけもまれたか。

その点、野外体験の「サマースクール」はおすすめです。

たとえば食べるのが遅かったりすると、容赦なく友だちから「早く食べろよ」と罵声《ばせい》を浴びせられることもあります。

もし家でお母さんと二人きりだったら手を差し伸べてあげたくなる状況でも、ここではそれがありません。

異年齢の子どもたちが集まって、なおかつ友だち同士やきょうだいでの参加も禁止していますから、まさに理不尽の嵐です。

「なんでこんなことしなきゃいけないの?」「やるんだよ」の世界です。

相手の会社に寄り添うのに必要なのは、ある種の「鈍感力」のようなものでしょう。「まあ、ここはしょうがないかな」とさっと鵜のみにできてしまう力というのでしょうか。いわゆる人間の幅があるかどうかということです。

それは**何によって鍛えられるかというと、小さいころからの理不尽体験によってしかな**

いのです。

たとえば部活で先輩に命じられたから、仕方なく使いっ走りをさせられた、なんていう経験を積んでいると、ちょっとやそっとではめげない人間になります。

一度もそのような経験がないから、「新人だから、これ運んでくれる?」と言われたときに、「なんで新人だからってやらなきゃいけないんですか?」と文句をつけることになるのです。

お母さんが理不尽がないように、傷つくことがないようにと育ててしまったことの罪は想像以上に大きいのです。

message

39

社会の荒波を乗り越える力になるのは、「自分には価値がある」と思えること。

就職がうまくいかないことを苦にしてうつ病になったり、自殺をする若者が増えていると聞きます。

何十社にエントリーしても、就職試験に落ちてしまう――こんなことが続くと、自分を否定されたような気持ちになり、自分は世の中から必要とされていないのではないかと思ってしまうのでしょう。

講演で行った京都のある塾の代表から興味深い話を聞きました。就職希望の大学生100名以上を前に会社代表として話し始めたら、学生たちの表情には元気がなく、お通夜《つや》のようだったと。20社、30社は当たり前、なかには50社以上も落ちている学生もいたそうです。中学・高校・大学の入試でさえ、どんなに受けても数校です。そしてたいていどこかには受かる。今や就活は最大の難関。そこで試されるのは、**「自分には価値があると思える心」**、**自尊心**なのだと。

経験したことのない壁に直面したときに最後に頼りになるのは、内なる強さです。「いや、なんとかなる」「私は大丈夫」と信じられるかどうか。それを支えるものは、幼少期から青年期までの育ちです。**何度壁に当たったか、乗り越えることができたか、愛されていると感じることができたか、人生を楽しいと感じることができたか、**なのです。

message

40

いじめをはねのける強さを育てる。

こんな話を聞いたことがあります。イワシの商売に成功した人の話です。

弱いイワシのことを考え、できるだけ海の状態に近い水質を整えてあげて輸送してもイワシは全部死んでしまう。ところが、水槽にイワシの「天敵」であるマグロを入れたら生き延びた。つまり、「必死」の状態をつくることで、生きる力を継続させたという話です。

最近のいじめの議論を見ていると、子どもたちの水質をどんどん整えてあげる方向に流れていると危惧しています。私にも経験はありますが、いじめは言うまでもなく死ぬほどつらい体験です。

しかし、現場の感覚としては、いじめは「日常」で、どんな子にも起こり得ます。「いじめをなくしましょう」と言ってもなくなりませんし、問題の解決にもなりません。

それよりも、子どもたちに伝えないといけないのは、「はねのける強さをもて」ということではないでしょうか。

早いうちにその「耐性」をつけておかないと、将来の「苦難」や「試練」をはねのけて生きていくことができません。簡単にへこたれて、社会に出ていけなくなるでしょう。

親にできることは、いじめから守ってあげることでも、「お母さんが先生に相談して、いじめをやめるように言ってあげる」などと事件化・問題化することでもないのです。

message 41

「いつも通りの家（居場所）」が心を休ませる。

いじめを受けていても、そもそも思春期の子どもになれば、親には何も言いません。言ったらみっともないと考える時期ですし、お母さんが大好きだから、母親が偉大だからこそ言えなくなるのです。

でも、何も言わなくても、たいていは明らかに元気がない暗い表情の子どもを見れば、親にもわかります。

ここがお母さんの正念場です。

まさに今、子どもは内面を鍛えている真っ最中。熱が出て菌と闘っているのと同じ状態です。

どっちにしても本人が何とかするしかない。口出ししてもどうにもならないのです。お母さんは「どうしたの?」と声をかけたくなってしまうし、「熱があるなら代わってあげたい」と思ってしまうでしょう。

でも子どものためには、見守るしかないのです。

できることは、ただただわが子の存在を認めてあげること。外で闘っているわが子に対して、いつも通りの笑顔で、

「あなたが存在していてくれるだけでうれしい」

という意味の言葉をなんでもいいからかけてあげてください。

いつも通りの家庭を維持して、心の休息の場を与えることです。

「強くなりなさい」「くじけないで」などと口で言っても、強さやたくましさは身につきません。**「もめごとはこやし」**です。つらい経験を自ら乗り越えていくことによってしか身につかないものなのです。

もちろん、その土台として、幼少期までに「自分は生きる価値がある人間なんだ」という自尊心と、「大丈夫、何とかなるさ」と信じられるさまざまな経験を積んでおくことは大切です。

「絶対に死んではいけない」という思いを育てておくことも大事でしょう。

私の場合、母親と「親孝行」論になったときのこのひと言。

「あんたたちが元気なら親孝行。親よりあとに死ぬことが大事たい」

これが「お母さんのためにも、死んではいけない」という信念の土台になった気がします。

Ⅲ

母も子も
ハッピーになる言葉

message

42

「何度言ってもわからない」

「すぐ忘れる」のが子どもの本質。

キレるだけ損。「キレゾン」です。

キレゾン——活字にするとまったく伝わらないのですが、講演会ではフランス語風に鼻にかかった発音して、お母さんたちを笑わせています。

正しくは「キレ損」と言います。たとえば、子ども（小学校低学年くらいまで）に向かって、

「何度言ったらわかるの？」

「ママ、昨日も言ったよね？」

とキレているお母さんがたくさんいます。これは、はたから見ていると喜劇です。

空振りのバットを振り続けている状態です。つまり、キレているだけ損ですよ、ということ。「何度言ってもわからない」のが子どもですし、「昨日言われたことは忘れる」のが子どもです。

私の講演で定番となっている、子ども時代に大切な二つの箱の話があります。

まず、**4～9歳までが赤い箱の「オタマジャクシの時期」**であり、いわゆる幼児期。10歳はグレーゾーンで、どちらの箱に入るかは個人差があります。それ以降の**11～18歳までが青い箱の時期、いわゆる思春期で「若いカエルの時期」**です。そして子育ての目標は22歳からメシが食えていること。**要は自立さえしてくれれば子育ては成功なのです。**

冒頭のキレているお母さんたちは、オタマジャクシの本質を知らずに、「なんで泳いでるの！」と怒っているわけです。自由に泳ぐのが当たり前のオタマジャクシなのに。

自分の物差しで子どもと向き合うと、キレゾンを繰り返すことになります。男の子の場合はとくにそうでしょう。相手は「幼児」であり、まして「異性」ですから。

実際、「男の子ってわかんないです、先生」というセリフをよくお母さんから聞きます。幼児期の子どもが何回言ってもわからないのは、「そういうもの」だから。**決して子どもが至らないからではありません。**

子どもは、そのときそのときを「今、今、今」で生きている。その瞬間に集中しているのです。線ではなくて点で生きているから、さかのぼって時間軸を振り返るなんてこともできません。昨日のことを反省しなさい、なんて言われたってわかりません。反省しているふりはすることがありますが。

それが悪いかというと、とんでもない。その瞬間瞬間の世界を、ものすごいとしか言いようのない集中力と勢いで吸収しています。それに対して、「大人」であり「女性」であるお母さんがブチ切れているという構造なのです。

「落ち着かない」「やかましい」「反省しない」のが幼児期の本質です。

それでもこの時期の子どもに本当に伝えたいときは、遠回りでも面倒でも、心から落ち着いて何度も言うしかありません。毎日毎日、繰り返し同じことを言うことになるかもしれませんが、「キレゾン」になって怒りでエネルギーを消耗してしまうよりは、お母さんの精神衛生上もいいのではないでしょうか。

「お兄ちゃんが、弟への嫉妬《しっと》から、毎日のようにつねっていじめている」と、悩んでいるお母さんがいました。

お母さんの見えないところでつねるから、なかなか現場をつかめないと言います。問いただしても、「俺じゃねえよ」と言う。そのお母さんが、お兄ちゃんが1年生になったあるとき、「先生、わかっちゃった！」と私のところに来たのです。

「先生、お兄ちゃんが泥んこになって遊んで帰ってきた日は、弟をいじめないんです。子どもって泥んこが大好きなんですね」

これもまた幼児の本質です。汚いとか洗濯が面倒くさいとか、いろいろ事情はあるかもしれません。でも、**子どもは発散することができていれば、問題行動を起こさなくなります**。そういう機会を与えてあげることで、自然体のいい男になるのです。

message
43

健やかなお母さんだから
子どもも健やかに育つ。

長年の講師経験から見ても、**健やかに育っている子の母親は明るくおおらか。これは学力の伸びの差にもなります。**

私の教え子で、女子で初めて東大理Ⅲに行った子のお母さんの特徴も「超おおらか」でした。東大目指して頑張れと子どもの尻を叩くタイプではなく、「どこ、受けましょうかね〜」といったふうです。

反対に、いつもイライラしている情緒不安定なお母さんが、キーキーしながら子どもを中学受験で合格させても、そのあと伸びない。そんな例をたくさん見てきました。

でも、これはお母さん個人がどうこうという話ではなく、**時代的な病気**だということを知ってほしいのです。

私は熊本県人吉市というところで育ちましたが、小学校3年生くらいまで、家にカギはかかっていませんでした。

「ただいま」と言うと隣のおばちゃんがおせんべいを食べながら「おかえり。おやつならそこにあるよ」と言っていましたし、隣のおばあちゃんにお風呂を貸していたこともありました。

だから昔は、近所のおばちゃんが「あんた、お姉ちゃんに厳しすぎるよ」「男の子はケンカしないとダメだよ」と言ってくれた。

でも今の家ではカギは二つ、玄関に近づくとピカッと光ったりします。戦後、「家付きカー付きばばあ抜き」で、ある意味快適になりましたが、その代償に「孤独なお母さん」ができあがってしまいました。ちょうど今70歳から80歳くらいの女性から、イライラ母さんがスタートしてしまったのです。

子どもはたしかにかわいい、だけど一日中、まだ日本語をしゃべらぬわが子と二人きりの生活はしんどい。**閉ざされた孤独なイライラ母さんのできあがり**です。

やっと子どもが日本語をしゃべれるようになってくると、話すのは夫であるお父さんの愚痴《ぐち》。「お父さん、今日も帰ってくるの遅いよねー」。

夫も、イライラしている妻が待つ家庭に帰るのは怖いのです。あのつき合っていたころの可憐だった少女は今いずこ？　と思っているお父さんは多いはずです。

帰ったら帰ったで、「ねえ、聞いて聞いて」と、ただ話を聞いてほしい妻がやって来る。疲れて帰ってきた夫は「くだらない話は聞きたくない」と内心思っている。

「知ってる？　隣の○○ちゃんがケガしたんだって」

「……それで?」。要点のない話がずっと続くのが、男はつらいのです。**男は要点にしか興味がないし、結論にしか興味がない。問題点がなければ言わないでくれる?　と思うから、ますます無口になっていきます。**これが今の夫婦のすれ違いの根底にあるものではないでしょうか。

妻は受け止めてほしい、共感してほしいだけなのですが、それがとことんわからないのが男です。

私は父親向けの講演もやっていますが、500人のお父さんを呼んで何をしているかというと、「うなずき」の練習です。冗談のようですが、真剣にやっています。うなずくだけで女性の反応が違うからです。

「ひどいでしょ?」「ひどいなあ。あり得ないよな」

「かわいそう」「かわいそうだね」

共感すれば、だいたい平和なのです。首も動かさないで新聞を読みながら「大丈夫じゃない?」なんていうのはダメです。

女性のほうも、夫を同じ人間だと思うから腹が立つのです。腹を立てないため、イライラしないためには、**「異性は別の生き物だ」**と認識することが必要です。

message
44

夫は犬と思え。
「別の生き物」と思えば、ラクになる。

お母さんは泉のように心配がこみ上げる生き物です。「あの子、学校で大丈夫かな」「元気がない顔して帰ってきたけど、友だちとうまくいってるのかな」……。この泉を受け止めてくれる人がいないといけません。

一方で男性は、「大丈夫かな？」と相談されても、妻の顔も見ないで新聞を読みながら、「大丈夫じゃない？」と答えてしまう。結論だけ言ってしまうのです。

男側から言わせれば本当に大丈夫だと思っているのですが、女性は「何、その話の聞き方は？」となってしまいます。これが基本的な夫婦の失敗例です。

夫だって家族のために一生懸命働いています。**家族を裏切りたいと思っている夫は一人もいません。**協力したい気持ちだってあります。ただ、女性対応のイロハができていないだけなのです。

妻のイライラを受け止めるのが夫の仕事です。繰り返しますが、子どもがなぜ健やかに育つかというと、お母さんが健やかだからです。その**健やかなお母さんをつくるのが夫の役目。**夫婦はお互いの意識改革で変われます。

相手を人間だと思うから「なんでわかんないの？　ひどい！」とイライラしますが、夫を「犬」くらい違う生き物だと思えばいい。犬が散歩に行きたがっても「なんで？」と疑問に思わない。「そういう生き物だから」と納得する。同じように、「男はそういう生き物だから」と思うとラクになれる——これが私の「夫は犬と思え」論です。決して夫をバカにしたわけではありません。

たとえば、**「私がこんなに心配しているのに、なんであなたはわからないの?」と夫にキレてしまうのは、犬に向かって「なんでしっぽなんか振るの?　しっぽ振らないでくれる?」と言っているのと同じ。**犬ですからしっぽは振ります。つまり、男の本質に対して怒っているにすぎないのです。

夫婦で大切なのはイマジネーションの力でしょう。私が「この夫婦はうまくいっているな」と思う幸せ夫婦はバツイチ同士の夫婦です。お互いに期待しすぎていないのです。「こんなもんだよね」といい感じで流せる。免疫ができているのです。

花まる学習会では、小学校を卒業し、中学に入学をする直前の12歳の子どもたちを集めて、卒業記念講演をしています。そこで、

「お母さんが『お父さんって話を聞かないわね』と言っているのを聞いたことがある人?」

「お母さんがお父さんにイライラしているのを見たことがある人?」

と質問すると全員が手を上げます。そこで私はさらに続けます。

「だろ？　それが相手をわかっていないってことなんだよ。そんなことを言っているのは、大人になりきっていないってことなんだ。話を聞いてほしいのが女で、要点だけ言ってほしいのが男なのに。君たちの世代はやめてくれよ。愛だ恋だといって、○○ちゃん、かわいいとか言っていないで、現実の女の人から学びなさい」

たくさん事例を挙げて説明するのですが、子どもたちはみんな、目をキラキラさせて聞いています。

終わったあとの子どもたちの感想文も熱いです。男の子では、

「ぼくは一生を台無しにしたくないので、女性の髪形の変化に気づきたいと思います」

女の子は、

「今日まで私は男子ってガキよねって言っていました。だけど先生が言う通り一生ガキなんですね。好きになる男子から学びます」

勉強以外に大切なこと、メシが食えるかどうかのポイントは、人間関係です。最低限、パートナーになった相手を幸せにしてこそ、将来は人を魅了する幸せな大人になれるのではないでしょうか。

message

45

お父さんの「ごはん」を一番に盛る。
それだけで男は変わるもの。

男をうまく操縦する一番簡単な方法は「ごはん」です。

こう言うと、「高濱先生も、女は家庭でメシをつくれ、というお考えなのですね」などと誤解されることがありますが、違います。

男というものは、動物の本能として、非常に「ごはん」が重要な生き物なのです。

たとえば仕事に疲れて夜帰宅すると、みんなが食べ残した崩れたおかずがラップをして置いてある。

「これをチンして食べてくれっていうことだな」と頭ではわかるのですが、**「冷や飯&残りもの」を食べる生活を毎日繰り返すと、男の心は冷えていくのです。**これ、相当深い話です。

女がメシをつくるうんぬんではなくて、男はえさを与えてくれるお母さんになつくようにできているのです。

ごはんに対して愛着があるから、ごはんを出してくれる人を愛する。これはもうどうしようもないものなのです。

ごはんさえ出してくれれば頑張れるのに、冷や飯ばかり食わされて、その家族を愛せと言われても無理なのです。もちろん家族を裏切るつもりは毛頭ありませんから、我慢しているのです。

この間、小学校でこの話をしたら、ＰＴＡ会長が泣いていました。

そのお父さんは、朝は味噌汁が飲みたいのだそうです。でも子どもはパンだし、頼んでも聞いてくれないと言っていました。それくらい大切なのです。

もちろん今は働くお母さんが多いので、今さら夜中に帰ってくるお父さんのために起きて、もう一度ごはんをつくってと言っても無理でしょう。そのための方法を、私はある商社のお父さんの経験から教えてもらったので、紹介します。

夕方子どもとお母さんだけでごはんを食べるときに、「はい、まずお父さんから」と言いながらごはんをよそって、ラップをします（仏様のおそなえの感覚に近いですね）。

すると帰宅したそのお父さん、ラップされているごはんの盛り方が変わっていることに気づいたけれど、そのままにしていたそうです。

ある日、息子とお風呂に入ったときに何気なくそのことを聞くと、息子が「お父さん、知らないの？　お母さんいつも、『**お父さんだから一番**』**って言いながらよそってるんだよ**」と言ったのです。

お父さんにしてみれば「まじかよ？」の世界。この込み上げる喜びは男にしかわからないでしょう。

家族でファミリーレストランに行ったときも、まずメニューはお父さんに渡して、「はい、お父さんから！」と言って選ばせてあげてほしいのです。

子どもが「なんで？」と聞いたら、

「なんでってお父さんだから。パパだから一番なのよ、ごはんは！」

と言いきってください。

きっと妻を愛する気持ちが吹き上げますよ。冗談じゃなくて、男ってそういう生き物なのです。**「なんだ、俺、尊敬されてんじゃん！」と思った瞬間に変わります。もともと男は忠誠を尽くす生き物ですから。**

残り物や冷や飯は結局は家族の不幸につながるということ。冷や飯を食わせておいて、互いに協力してくれない、理解してくれないと言い合って、ぶつかり合っているのが現代の夫婦です。

お互い違う生き物なのだと痛感することから始めなければいけません。「あなたを尊重しているよ」という姿勢が見えるだけで違ってきます。

message
46

子どもを通してほめれば、お父さんは木にも登る。

男は見栄で生きているところがありますから、お父さんに「こいつらのためだったら何でもやるぜ！」と思わせるには、プライドをこちょこちょとくすぐってあげること。そうすれば「はいはい〜」と木にも登ってしまいます。

その点、女性は現実的ですから、「ごはんを一番にした程度のことの何が大事なの？」と思うかもしれません。

「ごはん一番」ももちろんですが、それ以外の方法として日常的にやれることは、**子どもに対して「お父さんはすごいね」「さすが、お父さん」「お父さんはかっこいい」「お父さんならできる」……と言って、お父さんを間接的にほめること。**

不思議なもので、人は直接ほめられるより、「○○さんがほめていたよ」と言われるとうれしいものです。

お父さんだって子どもだって同じ。お父さんに対してたとえ不満があっても、本当は愚痴を言いたくても、そこはグッと心に押し込んで、

「お父さんってすごいよね〜。高校のとき、陸上部のエースだったんだって」

と言ってみるとか。

お母さんからお父さんのいいことを聞いたっていうことを、子どもの口からお父さんが

聞くようにするのです。

お父さんはきっと、「え、そう?」などと言いながら、内心、こみ上げる喜びを抑えきれなくなるはずです。

子どもって、すぐしゃべるからいいんですよ。「ママがこう言ってたよ」って。

お母さんが子どもに向かってお父さんをほめまくったら夫婦仲がよくなった、お父さんが変わったという例は数えきれないほどあります。

これは子どもに対しても効果絶大です。

花まる学習会でも、よく講師が子どもに「お母さんがほめていたよ」と言います。すると子どもの顔が変わるのです。

逆に、講師とお母さんとの面談のあとなどに、子どもが「先生、なんて言ってた?」と気にして聞くことがあります。

そのときは「『あの子は頑張っていますよ』『集中してやっているから絶対に伸びると思いますよ』と先生が言ってた、とお子さんに言っておいてくださいね」とお母さんにお願いするようにしています。

面談から帰ってきたお母さんに、「先生にこう言われたよ。あんた、頑張ってるんだね」と言われただけで、子どもは張り切ります。

もう、「来週早く花まるに行きたい～！」というくらい張りきりますから、翌週、授業に来たときの子どもの顔が変わっています。

「こんにちは～!!」「先生～」と目を輝かせて、倍速で部屋に入ってきます。

子どもはうれしいときややる気があるときは、「目」と「スピード」に出るから面白いし、かわいいです。

子どもってそういうもの。**期待されたいし、期待に応えたい生き物なのです。**

message
47

ひとりで子育てを
頑張りすぎてしまうお母さんへ。
週に1回でも外に出よう。

前に述べたように、**子どもの引きこもりも、学力の伸びも「孤独な子育て」と深い関係があります。**実は、いつも子どものことを思い、ひとりで子育てを頑張ろうとするお母さんが一番危ない。

愛情を注ぐのはいいことなのですが、自分の子しか見えないから、ついつい全部見張ってしまう。「なんでこんなのもできないの」と言って、やる気の芽をつぶしてしまう。ほかの子と比べては、「うちの子、大丈夫?」と不安になってしまう……。

それが週に1回でも2回でもパートに行き始めると、「空気が変わったな」という感じになります。

主婦という仕事は、なかなか認めてもらえないもの。ごはんをつくって当たり前、掃除をして当たり前、片づけて当たり前。仕事や学校で「頑張ったね」「いい仕事をしたね」というふうに、必ずあったリアクションがないのです。

一方、働いているお母さんと話していると、同じように悩んではいても健やかな感じを受けます。どこか話しぶりもサバサバしています。家庭とは別の場所で認められることで心が安定しているのでしょう。

外で充実した時間をつくることで、「孤独な母」から抜け出せるのです。

message
48

「頑張っているお母さんの迫力」はマイナスにはならない。

最近は両親ともに働く家が増えてきました。働いているお母さんに共通する悩みは「時間的余裕のなさ」でしょう。とくに朝ともなれば時間との闘いです。

「なにグズグズしてるの！」「時間がないって言ってるでしょ！」「急いで！」……こんなふうに、毎朝ついついわが子を怒鳴ってしまって自己嫌悪に陥るというお母さん、心配いりません。仕事を持っていれば、朝の時間がないのは当たり前。ピリピリするのも当たり前。これ、「朝の基本形」です。全国の働くお母さんはみんなやっています。

それでもお母さんは怒鳴ったあと、仕事に向かう電車のなかで「あーあ、なんで優しいお母さんになれないのかな」と思ってしまうものです。

でも、大丈夫。朝、怒鳴り散らされた子どもがダメになってしまったケースは見たことがありません。頑張っているお母さんの迫力は小さな子どもにも伝わるもので、決してマイナスにはなりません。

たとえ「近所の人が聞いたら虐待《ぎゃくたい》と思われるかも」という怒鳴り声でも、子どもは夕方お迎えに行くころには忘れているのですから。

「〝つ〟のつくうち（九つまで）は神の子」というように、小学3年生くらいまでの子どもは、どんな親でも許してくれる神様のような存在なんですよ。

message 49

〝テキパキ感〟は将来必要。生活面は「早くしなさい」と言っていい。

朝は鬼になってしまうお母さんを、子どもは嫌いなのでしょうか。

答えはもちろんNOです。「朝はいつもああいうふうになっちゃうんだよね、ママ」と子どもながらに思っているものです。

お母さんは「早く早く！」と言わないほうがいい、とよく言われますが、わが子を抱えて朝起こして食べさせている現実の母親には無理でしょう。

もちろん、生活面でグズグズしていたら「早くしなさい！」と言ってかまいません。前に述べたように、**テキパキこなす能力は、社会に出てから必要になります。**

また、きょうだい間で、朝の忙しい時間になると、お姉ちゃんは手こずらせるのに弟のほうは素直に言うことを聞く、というパターンもあります。これはちょっと意味合いが違って、お母さんをわざと困らせている場合が多いのです。

つまり、このケースで言うと、お姉ちゃんはママの愛情がほしいだけ。ママに振り向いてほしいから、「負の感情でもいいから、私に関心を持ってほしい」ということの表れにすぎません。だからグズってしまうのです。

こういうケースでは、**愛情不足だなと感じる子どもと、一対一の時間をつくってあげることで、簡単に解決してしまう**ことが多いものです。

message

50

働くお母さんへ①

「孤独で寂しい時間」が子どもの自立心をはぐくむ。

「母親が家にいないと子どもがかわいそう」という考えは昔からあります。でも、周りからそう言われるより問題なのは、「一緒にいてあげられなくて悪いことをしたなあ、かわいそうだったなあ」とお母さん自身が思ってしまうこと。

たとえば、学校から帰ったときに「おかえり」と迎えてあげられなかった。カギが開けられずに、玄関の前で一人で待たせてしまった。公園でほかの親子が楽しそうに遊んでいるのに、わが子が一人でポツンと遊んでいた、かわいそうだった……。

こんなふうに、「○○してあげられなかった」という気持ちを自分のなかでネガティブにとらえてしまっていませんか。

子どもと一緒にいてあげたいのが母親であり、母親の本質でしょう。

しかし、ここで冷静な教育者として言わせていただくと、むしろ**突き放された時間というのは子どもの心の成長にとっては大事**なのです。

「孤独で寂しい時間」が子どもを育てることもあります。

私の知る限り、カギっ子はたくましく成長し、メシが食えています。メシが食えない、かわいそうな大人の共通項は、逆に「優しさ一辺倒」で育てられた人なのです。

message
51

働くお母さんへ②

子どもと過ごす時間は量より質。
一日1回、「あなたは宝物」という気持ちで
ギュッと抱きしめて。

子どもと一緒にいる時間は、長ければ長いほどいいわけではありません。ずっと一緒にいて孤独な育児のなかで母がストレスを抱えるほうが問題です。

愛情は長さではなく頻度。短くても「大事に思われているな」と確信できることの繰り返しで、心の大切な部分は埋まっていきます。

どうか毎朝1回、「あなたは宝物なのよ」とギュッと抱きしめて愛情表現してあげてください。それだけで子どもは「今日も頑張るぞ！」と思うのです。

私の講演を聞いていた花まる学習会の新入社員が、すてきな感想をくれました。

「私もカギっ子で、兄と二人で食事ということもありましたが、不思議と寂しくなかったです。なぜなら、途中で必ず母から『何食べたの？』と電話がかかってきたから。気にしてくれているんだなと安心できました。そして今日この講演を聞いて、母が『寂しい思いをさせてごめんね』と思っていたんだと知り、胸が詰まる気持ちになりました」

とくに**働いているお母さんは、今の子育てには足りない「生きることの厳しさ」「食っていくこと、仕事の厳しさ」をオーラとして伝えることができます。**どうか自信を持って子育てしてください。

message

52

「今ごろ何をしているかな」と
心配するだけで
あなたは十分いいお母さん。

母とはいったいどんな存在でしょう。私は日ごろから**「いのちの中心は母」「哺乳類は母で育つ」**という話をしていますが、それは何も子どもの世話をすることを指しているのではありません。

たとえば、週のうち半分を父親が、もう半分を母親が見ていれば子どもは育つでしょう。

でも、やっぱり子どもには「母親」なのです。

それはなぜか。父親と母親は、いったいどこが違うのでしょう。

考えて行き着いた理由が、「着るものと食べるものの心配をするかどうか」でした。

赤ちゃんのとき、「おっぱいが足りてないのかしら」から始まって、「寒くないかな、この生地《きじ》だと薄くないかな」と絶えず心配しているのが母親です。

母というのは「イメージ」で生きている。着るものと食べるものを常に心配しているものなのです。

もちろん父親でもごはんづくりはできますし、上手につくれる人もたくさんいるでしょう。でもお母さんには根底に「愛」があります。

ごはんをつくるにしても、本当に子どものことを考えてつくっている。

「これじゃ食べられないんじゃないかな」

「これなら喜んで食べてくれるかな」

と思いながらつくっている。その差なのです。

子どものことを思ってごはんをつくる、というと「おふくろの味」だとか、あるいは「無添加素材でつくる」ことと勘違いされがちです。しかし、ここで言いたいのは、ただただ子どものことを心配して、子どものことを考えてつくるということです。

私たちの塾では、夏になると、二泊三日、三泊四日の「サマースクール」に子どもたちを連れて行きます。親元を離れた子どもたちは、自然の中での川遊びや飛び込みなどの「野外体験」を通して、たくましく成長するのです。

一方、子どもと離れたお母さんはどうしているかというと、サマースクールの予定表をチラッチラッと見ながら心配します。

朝は「向こうは雨みたいだけど、寒がってないかな」、昼には「今ごろごはんを食べてるころかな」、夜になると、「家が恋しくて泣いてないかな（実際、泣いてますが）」……。

この**「今、何しているかな」という感覚は父親にはありません。**ほぼゼロです。

同じように、サマースクールの予定表を見ても、「何時に迎えに行けばいいのか」ということ、自分がいつ、どんな行動をとればいいのかということにしか興味がない。「心配しなくても、そりゃ帰って来るさ」と思っていますから。

こうした男のざっくりとした信頼感もいいのですが、とにかくお母さんというものは「見えてない」と心配してしまう生き物なのです。

「今ごろ何をしているかな」と心配しているだけで、十分いいお母さん。子どもはそんなお母さんが大好きなのです。

子どもは何も言わなくても、「絶対、ぼく（私）のことを心配してくれてる！」とちゃーんとわかっています。お母さんに身を預けきっている感覚というのでしょうか。

「愛されてるもん！」という自信がある子は強いです。

message

53

優秀な母であるよりも、
安心した母、ほほえむ母に。

お医者さんをしているあるお母さんから、一通の手紙をいただきました。

2年前、社会性を育てようとさまざまな努力をして育ててきたつもりの息子が、1年生になって授業中に行方不明になってしまっていると学校から知らされ、衝撃を受けたとのこと。勉強以前に息子とどう向き合うかで悩み、きつい言葉を浴びせ、自分をコントロールできないほどになってしまったことなどが赤裸々につづられていました。

その後、テレビで「花まる学習会」のことを知って入会。息子も集中して頑張れるようになり、夏に行っているサマースクールでも存分に楽しんで友だちをつくり、私の講演会を聞いて、肩の力が抜けた、今ではおおらかな母になれた、言葉にできない感謝の気持ちでいっぱいです、というような内容でした。

一字一字の文字から真心がズドーンとぶつかってきて感動しましたし、今までやってきたことに関して、これ以上ないほど温かい激励を受けた気持ちになりました。

優秀で仕事もバリバリこなし、家事と育児とのやりくりも上手にやっているように見えるお母さんでも、子育ては甘くない。

いくら仕事ができて、勉強ができても、一人の母として子育てに直面してしまえば、「大丈夫かな、ちゃんと学校でやっているかな」「寒くないかな」と次々と心配がこみ上げてきてしまうものなのです。

仕事と違って子育ては思い通りにいかないですし、「効率よく」「計画した通りに」などという言葉とは無縁の世界です。

ここで、デキる母だからこそ陥りがちな落とし穴を紹介しましょう。

自分が成績優秀だったお母さんの場合、無意識に基準が高くなってしまい、子どもにも自分の基準を当てはめてしまいがちです。

たとえば算数で子どもが立ち止まってしまったときに、

「こんな簡単なことが、なんでわからないのよ！」

「なんでできないの？」

といったきつい言葉を浴びせてしまい、子どもはどんどん自信を失っていく、ということもよく聞く話です。

逆に理数系が苦手だったお母さんの場合、子どもには算数が得意な子になってほしいと

願いつつも、つい、

「さっさと終わらせたほうが、たくさん遊べるでしょう」

「先にイヤなことは片づけちゃいなさい」

などと言ってしまいます。

無意識に、算数は面白くない教科だというニュアンスがにじみ出てしまうパターンです。

これを続けると、子どものほうでも**「算数はつまらないものなんだ」「面倒くさいものなんだな」と洗脳されていくことになります。**


講演会で私はよく、**「優秀な母であるよりも、安心した母・ほほえむ母になるほうが大事」**ということを強調しています。

安心し、ほほえむ母であるためには、共感し、気づいてくれる存在が必要です。

その相手は、夫でも、ママ友でも、実母でも、だれでもかまいません。

「これさえあれば、お母さんが安心できる、すっきりする」というカード（切り札）は、多ければ多いほどいいのです。

message

54

これさえあれば上機嫌でいられる「すっきりカード」を持とう。

では、お母さんが安心できる、いつでも上機嫌でいられるための「すっきりカード」について具体的に話しましょう。誤解がないように言っておきますが、カードというのは、もちろんクレジットカードやトランプのことではなく、とっておきの手段という意味です。

まず1枚目のカードは「ママ友」。

なぜかというと、女性同士はお互いによくわかっていますし、求めるリアクションやツボも心得ているでしょう。一緒に子育てをしているので、悩みも共感できる。

女性同士の会話って、横で聞いていると面白いですね。まず、**「うなずき」という作法がある。さらに「ひどいね」「かわいそー」「そうなの！」といった合いの手が絶妙。**お互いが共感し、わかり合うことが、コミュニケーションのスキルとして身についています。男はマネできません。

もちろん表面上のつき合いではなく、夫の愚痴や悪口を本音で言い合えるようなママ友です。先輩ママでもいいです。たった一人いれば十分でしょう。

問題点としては、自慢合戦というか、どうしてもほめてほしいことをお互いに言いがちなので、この点は注意が必要です。でも本当にわかり合えているママ友なら、子どもが思春期になってもつき合っていけます。

message 55

「実母が自転車で20分の距離にいる母親の子どもは安定している」の法則。

カードの2枚目は「実の母親」。ここに気づいたのは最近のことです。塾生の1年生で、この子は健全に育っているな、今どき珍しいくらいいい子に育っているな、という子が3人いたのです。ちょうどそのお母さん方と面談をしたときに、3人のお母さんたちの共通点を見つけてしまいました。

まず第一に、とにかく**おおらか母さん、ニコニコ母さん**だったこと。そして、3人が3人とも、実母が自転車で20分の距離に住んでいた。これは神の啓示としか思えません。

「自転車で20分」の根拠はというと、やはり実の母でも同居は面倒だし、大変です。義母ならもっとイヤでしょうが。かと言って、スープの冷めない距離でも少し気を遣《つか》ってしまう。

「自転車で20分」というのは、「私の家」のテリトリーは保つことができるが、イラッとしたことがあれば、「お母さん、ちょっと聞いてよ」と話に行ける距離だったのです。

もちろん、実母との関係が良好である人に限ります。実母は何がすごいって、経験者ですから、「あれ、どうしたの？」などと言いながら、娘の訴えることがすべてわかる。「あるあるある、お母さんもこうだったよ」とか、これも女性特有の合いの手、共感です。

また、実母からすれば、かわいい孫に関わることだから関心があり、真剣に聞いてくれるのです。**話を聞いてくれるだけで、かなりすっきりします。**夫の悪口も聞いてくれるし、「そんなものなんだ」と思える。

要するに娘であるお母さんにすれば、自分の家というテリトリーは守りつつ、イライラは解消できるという、最高の状況なんですね。自転車で20分というのは、「実母のほうからは来られない」距離であるところがミソ。しょっちゅう実母に来られたら、それはそれで面倒ですから。

実母のほうにしても、娘の来訪が迷惑かというと、定期的に娘が来てくれるというのはとても幸せなことなのです。

この**「家族みんなが幸せになる構図」に必要なのが、すでにお話しした、思春期以降に娘と母のいい関係が築けているかどうか、です。**

思春期にお母さんと娘ががっちり秘密を共有したり、体はこう変化していくんだよ、女性はこうやってきれいになっていくんだよ、彼氏を選ぶときはこういうところを見るんだよ、と二人にしかわからないことを言い合える関係になっていればベスト。

「私はこういう人生を歩んできて後悔している」という本音も決して悪くありません。さらけだしてくれたなという思いで信頼してくれるでしょう。

娘が母親を心から信頼しているとうまくいきます。そうすると、娘も孫も母親も幸せです。幸せが世代を超えて伝わっていくのです。それが社会を安定させるのだと、大げさではなく思います。

そしてもう一つ、実母と並行して、いいな、と思ったのが実の姉や妹の存在です。女きょうだいだと話が通じやすい。男から見るとダラダラ意味のない話をしているように見えますが、わかり合えるのです。

また、姉や妹にすれば甥《おい》や姪《めい》の話だから、親身にもなってくれます。実母よりも年齢が近いので、感覚も近い。実母が遠くに住んでいるという人は、「女きょうだいカード」も使ってみることをおすすめします。

message

56

子育てから離れる「時間」を持つもよし。
夫以外の「ときめき」を持つもよし。

すっきりカードの3枚目は「仕事」です。

働くことで、母親は社会から認められ、物理的にも子育てから離れる時間ができます。これが、健やかな、おおらか母さんをつくるのです。

先に実母カードの話をしましたが、実母との関係が悪かった人、愛された記憶がないという人もいるでしょう。

実母との関係は非常に根深いものがあります。いくつになっても「私は愛されなかった」と根に持っているケースも多いのです。

たとえば、先ほどの「実母が自転車で20分の距離にいる」という〝おおらか母さんの法則〟に当てはまるにもかかわらず、常にイライラして、不平不満や愚痴ばかり口にしているお母さんがいました。

聞けば、実母との関係が悪かったらしく、「あの人に相談してもしょうがないですから」などと言います。ある意味、被害者であるし、かわいそうでもあるのですが、愛された記憶がないから、いい母親像も描けないのです。

実母を嫌悪しながらも、自分がされてイヤだったことをわが子にもしてしまい、自己嫌悪に陥るという悪循環を繰り返してしまうのです。

このお母さんの小学6年生の息子さんがいじめにあっていました。話をしていくうちにお母さん自身が持ち続けていた、実母へのゆがんだ感情に原因があることがわかりました。

難しいのは、大人になってしまうと実母との関係はそう簡単には改善しにくいこと。そこで切ったのが「仕事」カードです。

お母さんの仕事の時間を長くしてもらったのです。すると、すっかりお母さんのイライラが治って、息子もニコニコになってしまったのです。

あとで聞くと、「仕事をすると忘れられるんです。**なまじ時間があるからいろいろ考えてしまって、**高濱先生に相談しようとか、いろいろ動きたくなってしまう」とのことでした。

そして4枚目は、アイドルグループの「嵐」カード。

これはもちろん「韓流」カードでも「宝塚カード」でもかまいません。要するに、**ときめきカード**ですね。

アイドルグループやトップスターにハマってコンサートに行ったりして、ドキドキワクワクしましょう、ということです。

実際、ママ友、実母、仕事と、どのカードを使ってもすっきりしなかったけれど、某アイドルがいてくれるだけでニコニコで頑張れた、というお母さんもたくさんいました。

一人は障がいのあるお子さんを持っていて毎日大変なはずのお母さんなのですが、彼らのライブのときだけは子どもを預けてでも行くそうです。

ライブで、「おまえがいないと盛り上がらないぜ～」と言ってくれるだけで、「私のこと？」と舞い上がっちゃうらしい。妄想で幸せになれるってすごいことです。

韓流スターも、ファンは「家族」ですから、日本のタレントにはない、女性を大切にする感じがあります。

すでに夫にはときめかないという人も、ぜひ試してみてください。

message
57

わが子の幸せのために
自分の「好きなこと」を持つ。

最後の5番目のカードは「趣味」のカード。

ヨガやスポーツ、合唱など何でもいい。**自分がのびのびでき、息抜きができる趣味のカードを持ち、楽しい気分で毎日を過ごすことが大切です。**


また、最近これは新しいカードになると気づいたのが「音楽の力」です。

花まる学習会の「親子探偵団」という親子で遊びつくす野外イベントを行っていたときのこと。私は若い仲間とストリートミュージシャンに変装し、家族で歌える歌を演奏していました。

すると、そこに通りかかった家族がいました。1歳半くらいの男の子が泣いてむずかり、どうしていいかわからないお母さん、なすすべもなく空のベビーカーを押してついてくる父親という図。

お母さんが「ほら、ラララ～♪だって」と私たちの歌に関心を向けようとしたので、「よし、君のために歌うよ」と宣言、一曲通して歌ったのです。

男の子ももちろん聴き入っていましたが、お母さんもいい笑顔になっていました。無事泣きやんだこともあり、ふんわりと優しい笑顔になっていたのです。

「あ、そうか、音楽もいいんだな」

私自身がいろいろな音楽で心を癒され、救われてきたのに、音楽の力に気がつかなかったとは。私は趣味でバンドを組み、ときどきイベントなどで演奏をしているのですが、親子で歌うイベントでもなんでも、お母さんたちはいい笑顔だったことを、今さらながら気がついたのです。歌えば人は笑顔になることを何度も体験してきました。

それからは、いつもの母親向けの講演会のあとにライブをやることも増えてきました。お母さんたちに捧げる気持ちを込めて演奏し、歌っています。

お母さんからの感想文は、曲に感動したという声があふれていました。講演会で理論や理屈を語るのももちろん大切ですが、音楽は理屈ではない、もっと心の深い部分をつかんで揺さぶる力があるのでしょう。

私は、花まる学習会で夏に行う野外体験のサマースクールでも、特別イベントでも、ギター持参でいつも歌ってきました。

それは**学力よりも大切な「人としての魅力」**を考えたとき、笑いと音楽が代えることのできないほど大きなものだと思うからです。

笑いをもたらすことのできる人、音楽を楽しめる人はモテる大人になれるでしょう。

音楽は、国境を超え、健常の人と障がいの人の壁を超え、人と人とをつなぐ力を持っています。同時にお母さんたちを癒してくれる力も持っています。

これからもお母さんたちの前で歌っていこうと思いますが、これといった趣味もないというお母さん、自分で歌ったり聞いたりするだけでもいいです。すっきりカードに音楽を加えてみてはいかがでしょうか。

message

58

怒りのコントロールが
なかなかできない人へ。

「一度怒ると、子どもが泣かないと気がすまない」「泣くと、なぜか気持ちがスーッとする」こんなふうに言うお母さんがいます。これ、意外と多いですよ。

泣いている子どもに「泣くんじゃない！」ともっと困らせてみたり。いわゆる女性のいじわる心というか、神経を逆なでする部分というか……。

一度イライラモードに入ってしまうと、泣かないなら泣くまでやる、泣いちゃったら「泣くな」と言う……。

女性って、こわーい!?　そんな一面は誰でもあるでしょう。子どもが泣いて、「かわいげ」モードに入ると、やっとイライラが引いてきたりするのです。

こんなふうにならないための方法の一つには、すでにお話ししたママ友、実母、仕事、嵐など、お母さん自身がすっきりするカードを手に入れること。

それから、「こういう日は子どもを怒らない」という自分のモードを観察してみましょう。たとえば夫と心からわかり合えたと思ったとき、ものすごく気の合う仲間と気がすむまでしゃべったあと、など何かあるはずです。それを知っているだけでも違います。

自分で工夫して、なるべくすっきりする状態に持っていくようにコントロールすることが大切です。

message
59

子どもは母の笑顔のために頑張る生き物。
母が幸せだと、子どもも幸せになる。

健やかなお母さんだからこそ、子どもも健やかに育つとお話ししました。

いのちの中心にいるお母さんがニコニコであれば、子どもたちは元気に生きていくのです。

お母さんはニコニコ笑顔で、と言うと、無理して笑おうとするまじめなお母さんがいますが、そうではありません。人間ですから、イライラすることもあるでしょう。

そうではなくて、子どもが何かしていたら「かわいいなあ」という目で見ている、「あ、お母さん、また笑ってる」と子どもが思う。

要は**お母さんが人生を楽しんでいるか**どうかなのです。

子どもたちは、母の笑顔のために頑張る生き物です。これには例外はありません。

先述したママ友、実母、仕事、嵐、趣味など、どんなカードを使ってもいいです。お母さんには幸せでいてほしいのです。

フランクに何でも言い合える家族ぐるみのつき合いもいいですね。お母さん同士で夫の悪口を言い合えるような関係で、三家族くらいがみんなでお互いの子どもを育てている感じが理想です。

もちろん無理してつき合う必要はありません。学生時代の友だちでもいいですし、趣味が同じ友だちというのでもいいでしょう。

家族ぐるみのつき合いで、イライラ母さんがニコニコ母さんに変わった例はたくさんあります。

一緒にバーベキューに行って、友だちのお父さんに叱ってもらえるような関係ができ上がっていると、お母さんも子どもも健やかになるでしょう。

それ以外の方法で、最近、これいいな、と気づいたのは**「夫婦でデート」**です。

不登校の子どもがいる家庭の場合、デート法といって、カウンセラーに「夫婦でデートしてください」とすすめられることもあるくらい、効果的な方法なのです。要は、お母さんが不安定なのが問題だからです。

夫婦でデートなんて、最初はきれいごとのように聞こえていたのですが、実は私自身も実感しました。

わが家には重度の障がい児がいます。妻は24時間、必死に頑張っています。ですから夫婦二人で出かけるということもできませんでしたが、先日たまたま学校で息子を預かってくれ、一日ぽっかりと予定が空きました。

そのとき、私は妻に軽く「メシでも食いに行く?」と言ったら、すごく喜んだのです。喜ばれると男は弱いものです。

「これはあり金をはたくしかないだろう」と、都心の高級レストランに食事に行きました。

何が驚いたって、待ち合わせ場所に妻が待っている姿を見たときです。小さく、かわいく手を振っているのです。これにはやられました。何かグッとくるものがあるのです。

二人での食事は、一対一ですから、もう話すしかありません。子どものこととか、いろいろなことを久しぶりに話しました。何かお互いに改めて共有できたと実感できた一日でした。

message
60

ねぎらわれ、気遣われてこそ
人に優しくなれる。
お母さん自身の「一人っ子作戦」を。

この本を読んでいるお母さん方は、「子どもにイライラをぶつけるのはよくない」とか、「お母さんの笑顔が大事」とか「人と比較して叱ってはいけない」なんてことは百も承知でしょう。みんな頭ではよくわかっているのです。

いつも幸せオーラ全開に見えるお母さんが、声をからしていることがありました。「風邪ですか？」と聞くと、「いえ、昨日ずっと子どもを怒鳴り続けていて……」。疲れたときは、どんなにデキたお母さんだって、怒りのコントロールができなくなったりします。

そこで最後に私がすすめたいのは、**「お母さんの一人っ子作戦」。一人っ子作戦は、大人にもできるのです。**もしも、誰かに一対一で「大丈夫？　心配なんだけど」「いつも頑張ってくれているのわかってるよ」と真正面から愛が迫ってきたら、心がやわらかくなるでしょう。どんな人間も、絶対いい人になってしまうはずです。

悩みを抱えている友人を誘って、一緒にメシを食っただけで相手はニコニコ元気になります。何も問題は解決していないのにです。また、あなたの誕生日にサプライズで、「お誕生日おめでとう！」と誰かから祝福された日には、子どもに絶対優しくなれるはずです。

理屈ではなく人間ってそういうもの。愛された、認められた、大切にもてなされた……心が満たされてこそ人は優しくなれるのです。

おわりに　目の前の一人を幸せにできる人に

いかがでしたでしょうか。現場で多くの家族を眺めていると、大人が幸せになりきれていないなと思うことも多いです。たった一人のパートナーとうまくやれない大人たち。幸せを突き詰めれば、「感謝されたり求められたりすること」「相手を幸せにできること」がもっとも大きな幸福だということは明らかでしょう。そういう大人になれるように、小学校に通い中学校に通い学んできたはずなのに、〇〇大学を出たところで、たった一人のパートナーも幸せにできないのなら、何のために家庭でしつけ、学校に行かせていたのでしょうか。私たちは、子育て・教育を大きく方向転換する時代に差しかかっているのです。

大人も徐々に自己改革をしつつ、何よりも、次世代こそは、人間力あふれ、目の前の一人のパートナー、部下、同僚を幸せにできる、たくましい大人たちに育てましょう。

最後に、歌の仲間（KARINBA《カリンバ》というバンド名で活動しています）と一緒につくった詩を贈ります。いくつになっても、子どもが根っこの部分で大事に持っている、あたたかい母親像をイメージした歌です。

かあさん

涙にぬれたほほ　隠しても分かってしまうから
今でもここにある　笑って抱きしめてくれたこと
エプロンの後ろ姿　見えるだけで　駆け出して　抱きつきたい

ただいま　摘んだ花　渡したくて走って帰る道
今でも思い出す　お日さまのにおいの　あたたかさ
大好きな膝の上で　眠りに落ちる　ところまで　一緒にいて

あなたの子育てが、ほっとする子育てでありますように。

末筆ながら、この本をまとめるために大きな力を発揮してくださった野島純子さん、樋口由夏さんに御礼を申し上げます。ありがとうございました。

高濱正伸

著者紹介

高濱正伸　1959年熊本県生まれ。東京大学・同大学院修士課程修了。1993年に「数理的思考力」「国語力」「野外体験」を重視した幼児・小学生向けの学習教室「花まる学習会」を設立。ひきこもりや不登校、家庭内暴力などの実践的問題解決にも同時に取り組む。子どもたちの生きる力を育むことを使命とした教育理念と学習法が話題を呼び、テレビ「情熱大陸」「カンブリア宮殿」「ソロモン流」など、数多くのメディアに紹介されて大反響。親向けに年間100回以上行っている講演会は、毎回キャンセル待ちが出るほどの人気。子育てに悩む母親の救世主とも称される。算数オリンピック委員会理事。

花まる学習会　http://www.hanamarugroup.jp/

伸《の》び続《つづ》ける子《こ》が育《そだ》つ!

お母《かあ》さんへの60の言葉《ことば》

2013年11月10日　第1刷
2014年2月25日　第3刷

著　　者　高《たか》濱《はま》正《まさ》伸《のぶ》
発行者　小澤源太郎

責任編集　株式会社プライム涌光
電話　編集部　03(3203)2850

発行所　株式会社青春出版社
東京都新宿区若松町12番1号　〒162-0056
振替番号　00190-7-98602
電話　営業部　03(3207)1916

印　刷　共同印刷　　製　本　大口製本

万一、落丁、乱丁がありました節は、お取りかえします。

ISBN978-4-413-03903-1 C0037

青春出版社　高濱正伸のベストセラー

伸び続ける子が育つお母さんの習慣

のべ15万人が感動した高濱先生の超人気講演「母親だからできること」が本になりました！

伸びる子と伸び悩む子の「母親」はどこが違う？　学ぶ土台づくりからしつけ、聞き方・話し方、母親の幸せな環境づくりまで、81の習慣を紹介した一冊です。

ISBN978-4-413-03857-7　1300円

※上記は本体価格です。（消費税が別途加算されます）
※書名コード（ISBN）は、書店へのご注文にご利用ください。書店にない場合、電話またはFax（書名・冊数・氏名・住所・電話番号を明記）でもご注文いただけます（代金引替宅急便）。
商品到着時に定価＋手数料をお支払いください。
〔直販係　電話03-3203-5121　Fax03-3207-0982〕
※青春出版社のホームページでも、オンラインで書籍をお買い求めいただけます。
ぜひご利用ください。〔http://www.seishun.co.jp/〕